Christian Marquart
Wer steuert die Architektur?

Christian Marquart

Wer steuert die Architektur?
Physiognomische Skizzen

db
das
buch

DVA

db – das buch,
Buchreihe der Zeitschrift db – deutsche bauzeitung
Herausgegeben von Ursula Baus und Wilfried Dechau

Die Deutsche Bibliothek – CIP-Einheitsaufnahme

Marquart, Christian:
Wer steuert die Architektur? : physiognomische Skizzen /
Christian Marquart. –
Stuttgart : Deutsche Verlags-Anstalt, 1996
(db – das Buch)
ISBN 3-421-03122-3

© 1996 Deutsche Verlags-Anstalt GmbH, Stuttgart
Alle Rechte vorbehalten
Lektorat: Renate Jostmann
Satz: Dorner GmbH, Aichwald
Druck und Bindung: Jütte Druck, Leipzig
Printed in Germany
ISBN 3-421-03122-3

Inhalt

- 7   Was steuert die Architektur?
- 9   Wer steuert die Architektur?
- 16   Mandatsträger: Laien mit Lizenz
- 22   Zahme Hydra: der Dezernent
- 29   GRWeh: der Vorsitzende
- 35   Die Grauen Herren
- 41   Berliner Weise mit Schuß
- 46   Der Drausmacher
- 52   Hohelied: der Buchmacher
- 57   Nowhere Man: der Kritiker
- 64   Gummibären: die Theoretiker
- 70   Fachblattläuse: oho, aber klein
- 75   Erlöser: zwischen F+E
- 81   Der Star: mal Stern, mal schnuppe
- 87   Bausparflamme – Vorstadtspießer
- 92   Lob der Lobby: Funktionäre
- 98   Sisyphos? Obelix? Stadtplaner!
- 105   Papiertiger: der Bauminister

Was steuert die Architektur?

Mandatsträger, Dezernenten, Vorsitzende, Kritiker – lauter Personen. Natürlich. Christian Marquarts Titelfrage lautet schließlich: *Wer* steuert die Architektur? Dennoch, mir fehlt etwas. Oder besser gesagt: Was fehlt, gäbe genügend Stoff für ein weiteres Buch. Und das müßte lauten: *Was* steuert die Architektur? Ich meine all die Dinge und Undinge, all das Sächliche, auch all das Unsägliche.

Zum Beispiel die Gestelle, auf denen im Baustoffhandel all die Dachziegel präsentiert werden – oder die Betonsteine für die Terrasse.

Oder die total homogenisierten Mauerziegel aus der Strangpresse, mit denen ein Maurer heute eigentlich in der Millimetergenauigkeit der Stahlbauer mauern könnte (wenn er wollte).

Oder die Relief-Tapeten, die kunstvoll eine Natursteinwand vortäuschen.

Oder die perfekten Standardleistungsbuch-Texte, die keine Entwicklung mehr zulassen, sondern nur noch die ständige Reproduktion abgesicherten Durchschnitts.

Oder die DIN-Norm-Blätter, die grafisch des immer gleichen Rahmens bedürfen – als wenn sie nicht selbst Rahmen genug wären.

Oder die VOB, die Bauordnungen, die Verordnungen, die »roten Punkte«, die Genehmigungsstempel.

Oder die Dreiecke, mit denen man nur 30, 60 und 90° zeichnen kann.

Oder die Lehrpläne, nach denen aus Abiturienten Diplomingenieure gemacht werden (sollen).

Natürlich, Sie haben recht, all diese Dinge und Undinge sind letztlich von Menschen gemacht. Marmorierte Vinylbodenbeläge, holzgemaserte Badewannenarmaturen, aber auch all die gänzlich »unschuldigen« Baustoffe und -produkte, bei denen es doch nur »drauf ankommt, was man daraus macht«, fielen nicht vom Himmel. Bei der Büroklammer kann man noch sagen: Der war's, der hat sie erfunden, zum Patent angemeldet (und sogar viel Geld damit verdient). Aber das Lochblech? Oder die Kunststoffenster? Oder die wärmegedämmte Butzenscheibe? Meist läßt sich nicht mehr nachvollziehen, wer's war. Die Dinge sind einfach da. Und wollen gemäß der ihnen innewohnenden Logik (oder Unlogik) benutzt, angewendet, befolgt werden.

Zum Beispiel solche CAD-Programme, deren hervorragende Eigenschaft darin besteht, die kompliziertesten Dachformen und -verschneidungen, Erker und Dachloggien ganz einfach aufs Papier zaubern zu können. Gewiß könnte man mit einem solchen Programm auch ganz klare, ganze einfache Dächer zaubern – aber wenn man das Programm schon mal installiert hat, ...

Es ist müßig, der Frage nachzugehen, welcher Software-Tüftler als erster die erkerstiftende Wohltat entdeckt, ausgebaut und perfektioniert hat, denn mittlerweile übertreffen sich die Programme gegenseitig – mindestens in dieser Hinsicht. Die Frage nach der Person erübrigt sich. Was einst von Tüftlern ersonnen wurde, ist längst zur Fakten und Normen setzenden Sache geworden, zu einer Sache, die nicht mehr aus der Welt zu schaffen scheint. Glauben Sie nicht? Machen Sie doch mal einen Spaziergang durchs Neubaugebiet, Mr. Nowhere Man – und auch Sie, meine Damen und Herren Erlöser, Stars, Gummibären und Papiertiger.

Vielleicht ist es überhaupt müßig, all den Dingen nachzuspüren, die eben doch nicht mehr »dingfest« zu machen sind (weil man ihre Urheber nicht mehr »personenfest« machen kann). Will man das Entstehungsgeflecht für Architektur entwirren, scheint Christian Marquarts Ansatz, den Machern selbst auf der Fährte zu bleiben, wohl doch aussichtsreicher zu sein.

Wilfried Dechau

Wer steuert die Architektur?

Dieses Buch enthält sechzehn physiognomische Skizzen, frei nach der Natur entworfen. Es sind keine Charakterstudien real existierender Personen, sondern eher so etwas wie Rollenporträts: leicht überzeichnet, um der Deutlichkeit willen. Und etwas karikierend, des Unterhaltungswerts wegen. Eventuell unterstellte Ähnlichkeiten mit Funktions- und Würdenträgern im urbanistischen Alltag der Bundesrepublik sind deshalb rein zufällig. Wenn sie sich aber ergeben sollten, kann es dem Leser (und dem Autor) nur recht sein.

Angeregt wurde das Pasticcio, wie es jetzt vorliegt, durch ein Werk ganz anderer Art. »Architekturgeschichte, das wissen wir, wurde in stillschweigender Anlehnung an die primitivsten Formen des Kommunikationsmodells geschrieben: Der Erfindung neuer Formen galt die ungeteilte Aufmerksamkeit, nicht ihrer Interpretation. Es ist daher höchste Zeit, sich darüber klar zu werden, daß, selbst in den Grenzen des Kommunikationsmodells, eine Geschichte der Bedeutungen, nicht nur der Formen, geschrieben werden muß. Um die Architekturgeschichte mit Hilfe des Interpretationsmodells neu zu schreiben, muß man die Wechselwirkung zwischen Entwurf und Interpretation in den Mittelpunkt stellen.«

»Stammtischler«, Paul Klee, 1931

Diese Sätze stammen von Juan Pablo Bonta, der 1969 mit seinem verdienstvollen Buch »Über Interpretation von Architektur« begann. Im Jahr 1977 wurde es abgeschlossen, 1982 erschien es auf dem deutschen Markt und rannte zu seinem Unglück längst geöffnete Türen ein.

Denn die Postmoderne war angebrochen. Die Architekten fanden sie vor als neu geöffneten Bauchladen stilistischer Figuren, aus dem man sich »eklektisch« bedienen können sollte. Die Welt, das Denken, das Sprechen – alles hatte sich unter dem Diktat einer neostrukturalistischen Philosophie in

»Zeichen« verwandelt. Und »alles« kehrte sich in nichts. Im Geschäft des Interpretierens verflüchtigten sich Subjekt und Sinn. Die Amoralität der Zeichen vernichtete die Moral der Gegenstände und die der Macher gleich dazu. Bonta hatte noch träumerisch von »bahnbrechenden« Interpretationen gesprochen – aber es gab keine Bahn mehr, welche die Richtung hätte markieren können.

Die Postmoderne verhalf der Architektur zu neuer Geschwätzigkeit. Sie plappert seither vor sich hin wie das Kind vor seinen Bauklötzchen – zunächst von Achsen und Säulen, dann von schiefen Linien und spitzen Winkeln, heute von Stahl- und Glasgewittern, von edler Einfalt und stiller ökologischer Größe. Zeitgenössische Architektur teilt sich mit – das allerdings! Aber ihre Zeichen gelten nichts mehr. Die Politik hat ihre Kommunikationsfähigkeit und damit ihre Glaubwürdigkeit verloren, weil sie fast nur noch Sprechblasen produziert. Dasselbe Schicksal droht auch der Architektur. Sie geht unter in scheinbarer Harmlosigkeit: So wie die Sprechblasen der Politik ihre durchaus nicht harmlosen Inhalte verdecken, verdeckt die neue Geschwätzigkeit der Architektur, daß sie – wie immer schon – in erster Linie ganz handfeste Interessen bedient. Sie entsteht nicht ohne »Macher«, deren Mitteilsamkeit wesentlich geringer ist als jene der Architektur. Und hinter den »Zeichen«, die inzwischen nichts mehr oder nur noch ganz wenig bedeuten, lauern andere Bedeutungen, an deren Entzifferung nur wenigen etwas liegt: weil ihr Sinn nicht im Ästhetischen liegt.

Wie entstehen »Trends« in der Architektur, im Städtebau und in der Raumplanung? Seit einiger Zeit regt sich wieder die Lust an öffentlich geführten Debatten. Sie tun ihre Wirkung, aber nicht in der Öffentlichkeit: Man darf bezweifeln, ob tatsächlich ein breit gestreutes Interesse an ihnen besteht und ob die Art der Diskurse zu echter (An-)Teilnahme herausfordert. Wirft man einen Blick auf das Gedruckte, entdeckt man immerhin Neues zum Thema Architekturtheorie. Die Finanznot des Staates, der Niedergang des sozialen Wohnungsbaus, die demographische Explosion von Single-Haushalten und die solchermaßen ausgelöste Wohnungsnot stimulieren Auseinandersetzungen über neue Trabantenstädte, Massenwohnungsbau, Landverbrauch, urbane Nachverdichtung und preiswerte

Einfamilienhäuschen. Industriebrachen im Ruhrgebiet und vor allem in den neuen Ländern rufen Wunderheiler auf den Plan. Die neue Regierungszentrale Berlin wird umgekrempelt, daß die Fetzen nur so fliegen: alles Stoff für mancherlei Streit.

Der Architekten-Nachwuchs, frühzeitig zum Kosmopolitismus erzogen und in Hongkong scheinbar so zu Hause wie in Chicago, New York und Tokio, versteht die traufhöhenfixierten Beamten in den städtischen Planungsdezernaten nicht mehr und ruft nach Wolkenkratzern. Nur so – nämlich mit spektakulären, maßstabsprengenden Großprojekten – glauben die Architekten sich in den internationalen Markt der Dienstleister einklinken und den Großinvestoren empfehlen zu können.

Die Schlingerbewegungen des sogenannten Diskurses, der durch Hauptstadt-Planungen, die neuen Eigenheiten der Investorenwettbewerbe, durch moralisch bemäntelte Rufe nach aufregender Einfachheit und die formalen Winkelzüge um die richtige Auffassung von »High-Tech« in Bewegung gehalten wird, bleiben hübsch brav in den Gehegen der sogenannten Theorie, der Sonntagsrede und feuilletonistischen Miniatur. Man zankt über Geometrie, über künstlerische Kompetenz und Souveränität, über das Gewichtige und das Leichte, über Hoch und Nieder, über Verstecken und Entbergen von Konstruktion – auf der einen, der ästhetischen Seite.

An der anderen Front argumentieren aufrechte Veteranen der Revolte von 1968 mit gewohnt scharfsinnigen Analysen und etwas modernisiertem Vokabular gegen die urbanistischen Verhängnisse des Marktes – immer noch ist alles schnöde Kapitalverwertung, Systemfehler oder dumme Strukturschwäche.

Handelnde Figuren aus Fleisch und Blut kommen in beiden Varianten diese »Diskurses« nicht vor. Die Künstlerarchitekten treten nicht als natürliche Personen auf den Plan, sondern als entrückte Olympier, die ihre Schöpfungen wie weiland der alte Zeus als Goldregen in die Furchen der Metropolen herabregnen lassen. Die wenigstens zur Hälfte irdischen Architektur-Hybriden, die auf diese Weise gezeugt werden, sind zwar allemal gut für die eine oder andere Hochglanzpublikation, aber nicht selten bald vergessen: als ziemlich irdische Bürokästen mit ungewöhnlicher Wetterfahne auf dem Dach oder einer schrägen Stahlbrille über dem Portal.

Entscheidungsträger mit charakteristischen Konturen kennen auch die ergrauten Helden der Politischen Ökonomie – die frustrierten Soziologen und Politikforscher – in der Architektur und in der Stadtplanung so gut wie gar nicht mehr. Hier wimmelt es von Rössern ohne Reiter. Strukturen setzen sich eben durch, leider; hinter dem Rücken der Politiker, aber erst recht hinter dem Rücken der Bauräte, der Juroren, der Investoren, der Nutzer, nicht zuletzt der Architekten. Die Unwirtlichkeit der Städte, immer noch ein Thema, ist zwar ziemlich konkret, die Verursacher aber sind virtuelle Schurken aus dem Cyberspace.

Nichts gegen kritische Theorien! Die Analysen mögen ja alle noch stimmen, wir sind klammheimlich sogar überzeugt davon, daß mancher planerische Murks sich mit Marx immer noch plausibler erklären läßt als mit menschlichem Versagen. Aber auch das gibt es: menschliches Versagen. Es hat nur kein Gesicht.

Und so haben auch die eigentlichen Trendsetter der Architektur – wir glauben: es sind nicht die Megastars – kein Gesicht. Die Investoren schon gar keins. Die grauen Eminenzen wollten nie eines. Und die Politiker zeigen ihr wahres Gesicht, das sie ja haben, lieber nicht jedem. Wenn wir also den Trends, den Trendmachern und der Art, wie sie ihr Geschäft verrichten, auf den Grund gehen wollen, müssen wir uns um der Anschaulichkeit willen auf Fragwürdiges einlassen: wir wollen den vielen anonym Handelnden die gute alte »Charaktermaske« – nein, nicht vom Gesicht reißen. Wir wollen sie ihnen umbinden.

Das ist natürlich ungezogen. Aber es dient dem Bemühen, die Architektur, die entgegen allem äußeren Anschein nicht besonders kommunikativ ist, die so wenig über ihre Genese erzählt wie die Wirtschaft über ihr Funktionieren oder das Recht über die Gerechtigkeit oder die Politik über ihre Alltagstauglichkeit – diese Architektur also kommunizierbar zu machen. Wir entwerfen zeitgenössische, sagen wir mal: *architekturpolitische* Physiognomien, die es genau so natürlich nicht gibt. Wir porträtieren in unsystematischer Reihenfolge Figuren wie den städtischen Baudezernenten, den Vorsitzenden der letzten Wettbewerbsjury, den Mann aus dem Ministerium, den Architekturkritiker, die Grauen Herren aus

der Gilde der Investoren, der Projektsteuerer und der General-
unter- oder -übernehmer, die Journalisten der Fach- und
Publikumsmedien, Standespolitiker und Funktionäre, Klein-
und Großarchitekten, Gemeinderäte, forsche und forschende
Theoretiker. Wir tun das, weil wir glauben, daß sich zwischen
Theorie und Praxis, zwischen Anspruch und Scheitern, zwischen Rathaus und Vorstadt nicht nur urbanistische Leitbilder,
sondern lebende Wesen tummeln.

    Es gab Zeiten, da wäre ein solches Unterfangen unnötig
gewesen, weil Architektur und Stadtbaukunst aus sich heraus
und der Verhältnisse wegen gesprächiger waren als heute.
Gemeint sind die ersten drei Jahrzehnte dieses Jahrhunderts.
Es war die Zeit der neugierigen Flaneure. Sie hatten Muße,
weil es sowieso nicht viel zu verdienen gab. Sie hatten einen
angeborenen Blick fürs Detail und für das Ganze. Sie interessierten sich für die Verhältnisse, in denen kleine Büroange-
stellte, Arbeiter, Studienräte und Direktoren lebten und arbei-
teten. Sie glaubten meist an den technischen Fortschritt und
mit großer Hartnäckigkeit an die Gleichheit der Menschen.
Großstadtstraßen, Warenhäuser, Kleinbürgerquartiere, der
»Kiez«, Fabriken, Gartenstädte, Warenhäuser und Passagen
waren ihr Forschungsrevier. Sie verwandelten die Stadt,
die europäischen Städte, in liebevolle Feuilletons, leicht
zu lesen, aber alles andere als anspruchslos; manchmal iro-
nisch gefärbt, nicht selten polemisch zugespitzt, immer
engagiert.

    Als Architekturkritiker kümmerten sich diese literarischen
Flaneure, die später – erinnert sei an Walter Benjamin, Franz
Hessel und den gelernten Architekten Siegfried Kracauer –
von Soziologen und Philosophen wegen ihrer geistreichen
Gesellschaftsanalysen oft umstandslos zu Kollegen ernannt
wurden, seltsam wenig um die Architekturkritik im engeren
Sinn. Ihr Blick folgte unauffällig den Menschen, die die Häuser
und die Stadt benutzten, sie bewohnten, in ihr glücklich
waren oder litten. An deren Verhalten und Gemütsverfassung
orientierte sich das Urteil der Autoren und ihre Kritik. Es war
Großstadtliteratur vom Feinsten, die hier zustande kam. Als
kritische »Theorie«, sei sie nun progressiv gemeint oder eher
konservativ, wollte sie gar nicht unbedingt in Erscheinung
treten.

Die Manifeste zur Architektur der klassischen Moderne schrieben andere. Was – etwa von Persönlichkeiten wie Adolf Behne – explizit als engagierte oder distanzierte Architekturkritik verfaßt wurde, geriet in den orientierungsbedürftigen Umbruchszeiten der späten Kaiserzeit und der jungen Weimarer Republik schnell zum Programm und hatte zumindest in manchen Großstädten – vor allem in Berlin – die entsprechende Wirkung.

Die pathetischen, manchmal recht wirren Aufrufe junger Architekten dagegen kamen mit ihrem messianischen Überschwang oft daher wie komplette Revolutionsprogramme und Heilsbotschaften. Ihre Durchschlagskraft wird heute gelegentlich überschätzt; umgekehrt wird der nicht eben kleine Einfluß traditionsorientierter Gegenbewegungen in der architekturhistorischen Nachschau erst jetzt wieder realistischer bewertet.

Die Weimarer Zeit kannte noch den artikulationsfähigen Architekten. Er konnte sich ausdrücken, schreiben und hatte nichts gegen die Lektüre von Texten einzuwenden. Er war literarisch interessiert und und nutzte als dilettierender Autor gerne die Polemik, wie überhaupt die kritische Kultur jener Jahre ganz wesentlich durch Polemik und Schärfe charakterisiert ist. Keine Kammersatzung machte ihn zur Krähe, die der anderen kein Auge aushacken durfte. Die Ausbildung der Baukünstler war nach heutigen Maßstäben charmant unseriös (Peter Behrens wechselte von der Malerei umstandslos zum Industriedesign und zur Architektur, Mies van der Rohe hatte nie ein Diplom in der Tasche), aber eben das bewahrte die meisten von ihnen vor jenen heute branchenspezifischen Dünkeln, die heute Debatten zwischen Architekten und dem Rest der Welt erschweren, ja fast unmöglich machen. Die jungen Baumeister der Weimarer Republik, gewiß nicht von der Konjunktur verwöhnt, wendeten die Agonie des Staates in persönliches Engagement. Ihre aus heutiger Sicht fast rührenden Allmachts- und Erlöserphantasien verhinderten jegliche berufsständische Larmoyanz: Ein Heiland beschwert sich nicht.

Baukunst war damals alles zugleich – Architektur, Städtebau, Kunst, Design, Sozialpolitik. Die Architekten der Avantgarde mischten sich ein, wo sie nur konnten, schrieben bei

Gelegenheit sogar Theaterstücke. Sie brauchten keine blasse Theorie, weil sie noch in der Utopie heimisch waren. Wenn die Realität sie als Planer einholte, verwandelten sie sich bisweilen in brillante Pragmatiker. Noch war der Paragraphendschungel licht genug, um kreative Risiken eingehen zu können – die man dann auch zu tragen bereit war.

Karge, aber Goldene Zeiten. Messerscharfe Manifeste. Markante Physiognomien, die nicht ausgefranst sind. Heute gibt es keine Manifeste mehr, dafür feinziselierte Theorie, meilenweit neben dem Alltag. Die zeitgenössischen Physiognomien sind in der Regel etwas feister und schwammiger. Der Blick in den Spiegel macht keinen Spaß mehr. Vielleicht ist das der Grund, warum die gute alte Moderne wieder Freunde gewonnen hat?

Mandatsträger: Laien mit Lizenz

Im Jahr 1954 verfaßte der Schweizer Architekt und Schriftsteller Max Frisch ein vierstimmiges »Funkgespräch« mit dem Titel »Der Laie und die Architektur«. Die Personen des akustischen Dramoletts: die Titelfigur – der Laie – und seine Frau; ferner ein eloquenter Architekt und ein beschränkter, aber gutwilliger Oberbaurat. Max Frisch schlachtete hier eine Glosse aus, die er zuvor geschrieben hatte und die unter dem Eindruck einer Reise nach Lateinamerika die schweizerische Architektur kritisierte. Sie war ihm, wie die Schweiz überhaupt, zu kleinkariert – zu traditionsverhaftet, nicht modern genug. Und weil Frisch seine öffentliche Rolle als Schriftsteller und seine Kompetenz als Architekt gleichermaßen ernst nahm, verteilte er die eigenen An- und Einsichten ziemlich gerecht auf den Laien und den Architekten.

Max Frischs eidgenössischer Laie ist demokratisches Urgestein. »Wir sprechen über Städtebau«, beginnt er das Gespräch. »Ich bin Laie. Ich gehe davon aus, daß unsere Städte nicht für Fachleute, sondern hauptsächlich für Laien gebaut werden – oder gebaut werden sollten.«

Der Architekt ist durchaus einverstanden. Ihm souffliert der Schriftsteller Frisch – gerade so, wie aus dem Laien der Architekt Frisch zu sprechen scheint. »Wenn ich Sie richtig verstehe«, sagt der Architekt, »so sind Sie der Meinung, daß man den Städtebau nicht einfach den Architekten überlassen kann.« Sein Gegenüber bestätigt das: »Die Aufgaben stellt nicht der Fachmann, sondern immer der Laie. Der Fachmann löst sie. Oder sagen wir statt Laie: die Gemeinschaft aller Laien, die Gesellschaft, die Polis. Daher bin ich der Meinung: Städtebau ist ein politisches Anliegen. Ein Anliegen der Polis.«

Die Gemeinschaft der Laien, darauf besteht Frischs Protagonist, ist für den ideologischen Überbau des Bauens und

Planens zuständig. Er bemüht die Demokratie als Bauherr, Jahre vor Adolf Arndt. Er erklärt den Laien zum Politiker, der wiederum dem Architekten erklären soll, wo's langgeht. Aber das Dramolett geht unter im Radiolärm, den der unverschämte Nachbar des Protagonisten herüberschallen läßt: Kleiner Scherz des etwas ratlosen Autors.

Keine Rede ist vom original schweizerischen Volksentscheid, der so berühmt wurde wie die Uhrwerke des Landes. Max Frischs Vorzeige-Laie wird sich schon ins Kommunalparlament wählen lassen müssen, um auf die Architektur Einfluß nehmen zu können. Zählt man das Funkgespräch des damals gerade eben bekannt gewordenen Autors zur (Groß-)Stadtliteratur, so darf man behaupten, daß hier wenigstens implizit eine der ganz wenigen politischen Figuren des Genres ihren Auftritt bekommen hat. Mandatsträger sind rar in der Geschichte der erzählten Stadt. Sie passen einfach nicht zu den literarischen Helden von Balzac, Döblin, Gadda oder Pynchon. Aber Max Frisch hat schon recht: Der Laie hat, was Architektur, Städtebau und Planung angeht, ein legitimes Anliegen. Als Prominenter wird er in die Parlamente delegiert. Und als Abgeordneter stellt er dort den Fachleuten Aufgaben: Gemäß einer selbstgebastelten Ideologie, gemäß der Ideologie seiner Partei, getreu der Linie seiner Fraktion. Da hat Max Frisch leider recht behalten, obwohl er noch das heute verpönte Wort »Ideologie« ganz harmlos und unkritisch verwenden wollte.

So wird der Laie in Gestalt des Politikers zum Trendsetter auf einem Gebiet, das ihm fremd ist. Er fühlt sich hier allein deshalb »zu Hause«, weil er einen Wahlkreis vertritt, in dem nach ungefährer Maßgabe der jeweils zuständigen politischen Ebene geplant und gebaut wird. Er formuliert im Kommunalparlament die Zukunft des Städtischen. Er kümmert sich als Landtagsabgeordneter um Raumordnung und Wohnungspolitik. Er stimmt im Bundestag für oder gegen das Baugesetzbuch oder die neue Hauptstadt.

Wir sind das Volk: Alle Gewalt im Staat, in der Polis, geht von Laien aus. Der Politiker kehrt die Kausalität des berühmten Satzes von Martin Heidegger um, der seinen Jüngern zuraunte: »Bauen heißt Wohnen und Wohnen heißt Bleiben.« Der Politiker ist immer schon da. Weil er sich in der Gunst des

»Vor allem, meine Herren, habe ich es gern, wenn jemand seinen Standpunkt aufrecht vertritt . . .«

Wahlvolks wohnlich eingerichtet hat, weiß er frühzeitig, wo er bleibt. Deshalb läßt er bauen – ob daraus für die anderen Wohnen wird, muß ihn im Innersten nicht berühren.

Heideggers philosophische Holzwege sind dem Abgeordneten unbekannt. Als Berufslaie ist er schlicht außerstande, sich im Dickicht der Probleme zu verrennen: Sein Weg und sein Blick führen immer aus dem Gehölz heraus. Die Plackerei und den Irrtum delegiert er souverän an Fachleute. Weil Bauen gleich Bleiben ist, gehorchen auch die Probleme der Planungspolitik den Gesetzen der Trägheit. Da der Politiker aber angetreten ist, Verantwortung vor allem für die *Zukunft* der Polis (des Landes, des Staates) zu übernehmen, müssen die Probleme immer dort zurückbleiben, wo sie gerade konkret werden. Der Politiker schleppt sie nicht mit, sonst müßte er aus ihnen lernen. Dafür ist keine Zeit. Im Jargon der Sozialwissenschaften nennt man das Reduktion von Komplexität. Wenn der Politiker also Schwierigkeiten, wie es so schön heißt: aussitzt, so vollzieht sich das in beeindruckendem Tempo. Wohl verharrt er im Sessel, aber der ist festgeschraubt im Zug der Zeit. Und jener rast immer der nächsten Legislaturperiode entgegen.

Die Glaubwürdigkeit des Politikers steht und fällt mit der spezifischen Naivität, die dem Abgeordneten als Repräsentanten der Polis – und damit der Gemeinschaft der Laien – zukommt. Sobald der Abgeordnete den Anschein relativer und spezieller Kompetenz erweckt, gerät er in den Verdacht, ein »Technokrat« zu sein oder, schlimmer noch, ein Lobbyist dubioser Partikularinteressen. Das gilt nicht für alle Politikbereiche, ganz gewiß aber für den der Raumordnung, des Bauwesens und des Städtebaus. Während niemand daran Anstoß nimmt, daß Chemiegewerkschafter oder Rinderbarone sich als gewählte Volksvertreter (mit Listenplätzen) fintenreich gegen die Verschärfung von Immissionsbestimmungen aussprechen, halst sich ein Abgeordneter mit dezidierten Vorschlägen zur Pflege und Förderung der Baukultur nichts als Schwierigkeiten auf, und zwar auf allen Ebenen des politischen Systems.

Zuviel Konkretion, zuviel Expertentum legen die Vermutung nahe, er habe nicht mehr das »Ganze« im Auge. Das Ganze, versteht sich, ist immer das Gemeinwohl. Üblicherweise gilt die gebaute Umwelt nur als ziemlich kleiner Teil davon, auch wenn sie ganz wesentlich unser Alltagsbefinden und auch das künftiger Generationen prägt. Das liegt daran, daß Baukultur nicht jene üblichen Mehrwerte »heckt«, die sich in Mark und Pfennig ausdrücken lassen. Der Chemielobbyist und der Güllebaron können dagegen dem Parlament immer exakt vorrechnen, welchen Schaden das Bruttosozialprodukt nimmt, wenn ihre Interessengruppen von Legislative und Exekutive nicht angemessen bedient werden.

Opfer dieses demokratischen Pawlow-Reflexes wurde zum Beispiel der Bundestagsabgeordnete Peter Conradi. Immer schon nervte er seine Kollegen und die einschlägigen Minister und Ministerialen, weil er sich allzu konsequent für gute Architektur, klugen Städtebau und eine möglichst vernünftige Wohnungspolitik einsetzte. Mittlerweile hat man ihn im Hohen Hause zu Bonn umstandslos zum befangenen und abhängigen Lobbyisten »seiner Architektenbranche« erklären dürfen (Plenarprotokoll 12/243), weil er die Verlagerung des Parlaments von Bonn nach Berlin verbunden sehen will mit einem geordneten Rückzug aus Bonn, genauer: mit der Rettung des dort im Rheinhochwasser abgesoffenen »Schürmann-Baus«. Conradi ist gelernter Architekt – und genau das macht seine parlamentarischen Wortmeldungen zum Thema tendenziell anstößig. Sein politisches Wirken wird nur deshalb auch von Gegnern als verhältnismäßig harmlos eingeschätzt, weil er auf allen politischen Ebenen der Kollegenschaft entbehrt. In deutschen Parlamenten sitzen ungefähr so viele Architekten und Planer wie Kesselflicker und Spitzenklöpplerinnen.

Der Primat des Politischen, das in der repräsentativen Demokratie gleichzeitig die Lizenz des Dilettanten darstellt, bleibt also per Saldo auf dem Feld der parlamentarisch gepflegten Baukultur unangetastet. Spannend ist allerdings die Frage, wie der politisierende Laie sich denn trendbestimmend in Architektur und Planung den Experten mitteilt. Wie drückt er sich aus, wo ihm doch alle nützlichen Begriffe und der schlaue Jargon fehlen?

Das System funktioniert, wie sich denken läßt, nach dem Prinzip striktester Vereinfachung. Fundamental ist der Schwur des parlamentarischen Hinterbänklers, die Fraktion niemals mit originellen Gedanken zu behelligen und vorgegebene

Marschlinien einzuhalten. Im Krisenfall – und der ist bei knappen Mehrheiten und schwierigen Koalitionen die Regel – muß allerdings jeder Mandatsträger als Hinterbänkler funktionieren. Selbst talentierte Platzhirsche der Fraktionen dürfen nicht über sich hinauswachsen, sondern müssen sozusagen unter sich selbst schrumpfen. Daraus erklärt sich die Profilschwäche bundesdeutscher Parlamentarier heute.

Der Hinterbänkler ist also der Laie par excellence. Er läßt sich Vorschläge machen. Als Mandatsträger gewählt, besteht er darauf, fortan selbst nur wählen zu müssen. Sein Liebstes ist, eine fertige Beschlußvorlage einfach annehmen, ablehnen oder zur Überarbeitung zurückverweisen zu können. Die dreiwertige Logik des Ja/Nein/Später reduziert jeden komplizierten Sachverhalt auf die Idee, es handele sich um einen Vorgang ohne besondere Voraussetzungen und kritische Folgewirkungen. Schon der Begriff »Tagesordnungs-Punkt« weckt Vorstellungen von Singularität, eines irgendwie zum kleinen schwarzen Nichts geschrumpften Ereignisfeldes, das durch Handaufheben – »Dafür? Dagegen? Enthaltungen?« – abzuhaken und aus der Welt zu schaffen ist.

Als Trendsetter im Bereich der Architektur und Planung bewährt sich der Mandatsträger natürlich vor allem auf dem Feld der Kommunalpolitik. Die Verwaltung hat ihn auf ein einfaches Reiz-Reaktionsmuster dressiert. Es funktioniert nach dem betont harmlosen Motto »Unser Dorf soll schöner werden«. Und schöner kann alles sein: ein protziges Hochhaus am falschen Platz, hirnlose Straßenkosmetik, planerische Vorleistungen für eine Industrieansiedlung, die später vielleicht doch ausbleibt, Stadtsanierung mit der Brechstange.

Voraussetzung für geschicktes Trendsetten aus der Perspektive des Laien ist allein die Existenz einer Alternative, die weniger schön ist. Auch das kann alles bedeuten – Ärger mit dem Investor, weniger Gewerbesteuer, ein weniger klangvoller Architektenname, ein bescheideneres Hochhaus. Am liebsten ist es dem Mandatsträger, wenn er zwischen maximal drei Entwurfs- oder Planungsvarianten zu wählen hat: einer betörenden, die aber nicht wirtschaftlich ist; einer offenkundig unsensiblen Lösung, die dem Bürger niemals zu vermitteln wäre; ferner einer »realistischen«, leider etwas phantasielosen Variante, die aber als tragfähiger Kompromiß anzusehen ist.

Natürlich sorgt die Administration gerne dafür, daß der Abgeordnete nicht mit Wahlmöglichkeiten überlastet wird. So setzt sie auch *ihre* Interessen durch. Aber es liegt schon in der Logik des urbanistischen Gestaltens und im Charakter des Plans als kommunikativem Medium selbst, daß er dem Abgeordneten eine sympathische Arbeitsvorlage sein muß. In ihm sind Mengen von Daten und heikle analytische und strategische Implikationen so aufbereitet, daß scheinbar keine Fragen offen bleiben. Der Plan macht, sobald er dem Laien vorgelegt wird, aus einem gedanklichen Problem eine Augenwischerei. Er schafft das Problem aus der Welt und setzt eine Figur an seine Stelle.

Dem Abgeordneten ist das recht. Als Mitglied einer Wettbewerbsjury oder in den Planungs- und Bauausschüssen muß er sich nur noch von den Fachleuten erklären lassen, welche Pläne bedenkliche Implikationen haben und welche nicht. Der Rest ist Akklamation, Ablehnung des Vorgefertigten oder die Forderung nach einer Überarbeitung im Detail: 12 Stellplätze weniger, Traufhöhe 90 Zentimeter runter, Verkehrsberuhigung in der Sackgasse. Schließlich hat auch der Mandatsträger als Laie seine Erfahrungen gesammelt, auf Exkursionen etwa. Diese Reisen der Ausschüsse haben seine Vorstellungen von Baukultur geprägt – eine abenteuerliche Mischung aus Größenwahn und Fixierung auf den planerischen *Mainstream.*

Als Trendsetter der Baukultur ist der Abgeordnete also notwendigerweise ein Anwalt der Durchschnittlichkeit. Spielt er auf Risiko, so betrifft es fast immer das Risiko spektakulärer Durchschnittlichkeit. Im gebauten Durchschnitt spiegelt sich für den Mandatsträger vorbildlich die Tugend demokratischer Kompromißbereitschaft. Anlaß genug, hier auch mit Max Frisch zu schließen, der 1953 über die schweizerische Architektur schrieb: »Nicht der demokratische Kompromiß ist das Bedenkliche, sondern der Umstand, daß die allermeisten Schweizer bereits außerstande sind, an einem Kompromiß überhaupt noch zu leiden.« Die Schweiz, so scheint es, ist größer als wir dachten.

Zahme Hydra: der Dezernent

Fritz Kahn, »Das Leben des Menschen«, Stuttgart 1929

Seit kurzem sind Psychologen fasziniert von »multiplen Persönlichkeiten«. Es handelt sich dabei um Menschen, die nicht nur über ein einziges Ego verfügen, sondern gleich über mehrere. Die multiple Persönlichkeit ist zwar recht wankelmütig – aber mit System. Sie hat nicht nur das von der modernen Gesellschaft uns allen oktroyierte Rollenspiel mit seinen vielfältigen Facetten komplett verinnerlicht, sondern auch gleich noch deren pluralistische, widersprüchliche Wertestruktur. Indem die multiple Persönlichkeit ihr gerade herausgekehrtes

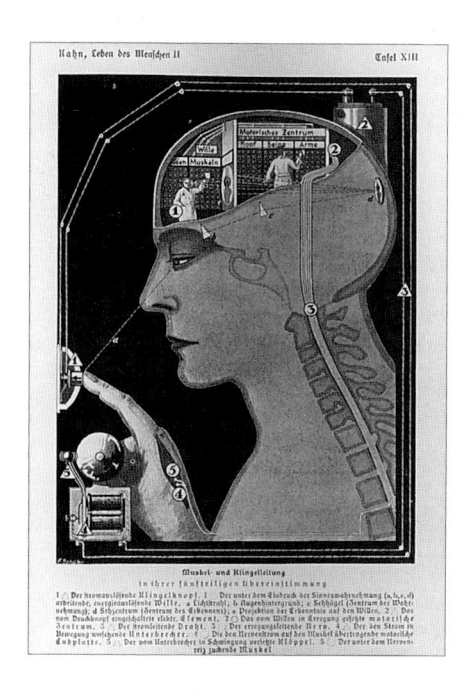

Ego bereitwillig gegen ein jeweils nützlicheres eintauscht, zeigt sie scheinbar wenig »Rückgrat«; andererseits wirkt ihr Verhalten, das geschmeidig auf äußeren Druck reagiert, eminent politisch: Multiple Persönlichkeiten sind Menschen, welche die private Struktur ihrer Psyche jener des öffentlichen Gemeinwesens nachgeformt haben.

Weil die Spitzen der städtischen Administration – also Bürgermeister, Dezernenten, Stadträte, wie immer die Gemeindeverfassung sie gerade nennt – immer im Dienst sind, und zwar in verschiedenen Funktionen gleichzeitig, hat ihre Existenzform mit dem Aggregatzustand der multiplen Persönlichkeit einiges gemeinsam. Wenn der Dezernent im Morgengrauen aus dem Schlaf hochschreckt, läßt ihn vielleicht ein verschleppter Bebauungsplan nicht schlafen; wenn er zum Dienst antritt, dann vielleicht als Schirmherr einer *public-private-partnership* zum Wohle der Region; der Nachmittag sieht ihn als Stadtsanierer; am Abend, auf einem politischen Termin, tritt er dröhnend als Volkstribun auf, der neuen Wohnraum in einer neuen Trabantenstadt verspricht.

Als Alter Hase war der Dezernent vor den letzten Wahlen auch schon Dezernent; vielleicht in einem anderen Ressort oder in seinem herkömmlichen, das aber aus politischen Gründen einen etwas anders geschnittenen Geschäftsbereich hatte. So etwas streift man nicht ab. Der Baudezernent ist deshalb immer auch gleichzeitig noch ein bißchen der Planungsdezernent, der er schon mal war, oder der Beigeordnete für Wirtschaft, der er gerne bei nächster Gelegenheit würde.

Als gewiefter Verwaltungsexperte kultiviert er staatsmännisches Denken. Als Staatsmann zwinkert er einverständlich, wenn der schneidige junge Assessor beim Mittagessen in der Kantine die Aktualität von Carl Schmitts Denken preist. Als Gartenbesitzer ist er Ökologe. Als Wertkonservativer steht er mit einem Bein in der CDU, als Mann mit eigenem Kopf sympathisiert er still mit den Querdenkern der kleinen Oppositionspartei. Auch gemäßigt »linke« Polit-Floskeln gehen ihm flott von der Zunge. Seit seine Kinder nicht mehr tun, was er sagt, hat er ein spürbar anderes Verhältnis zu renitenten Bürgerinitiativen und zu rebellischen Parteiflügeln.

Sein Beruf? Eine überflüssige Frage. Wenn man erst einmal Dezernent ist, darf man alles gewesen sein: Physiker, Germanist, Jurist, Volkswirt, Krankenpfleger, Architekt, Lehrer, Sachbearbeiter. Der Dezernent hat seine Ämter und in diesen seine Beamten, die Spezialisten. Er selbst ist zwar nicht Generalist vom Schlage des Bundeskanzlers, aber doch eher Spezialist fürs Allgemeinere. Er sorgt für verfeinerte Richtlinien der Politik, deren grobe Maschen der Oberbürgermeister strickt. In Stadtstaaten: der Regierende Bürgermeister. Der Dezernent ist dann ein Senator, und auf der nächsten Ebene trifft man allerlei Staatsräte und Baudirektoren – die gehobenen Abteilungsleiter eben.

Ein ehrenwertes Vorurteil besagt, daß Städte – die bevorzugte Brutstätte von Architektur und Stadtbaukunst – nach den ehernen Prinzipien einer mehr oder minder anonymisierten kommunalen Selbstverwaltung gesteuert werden, in der die einen höchstens ein ganz kleines bißchen gleicher sind als die andern. Tatsächlich aber sind Städte geprägt von der Machtausübung einzelner Figuren. Die Politikwissenschaft hat noch in jüngerer Zeit auf den autokratischen Charakter lokaler Entscheidungsmechanismen hingewiesen: Es handele sich dabei allerdings um keinen Betriebsunfall der Demokratie, vielmehr sei das personale Netzwerk der Lokalpolitik eine typische, ja notwendige Erscheinung städtischen Regierens.

Diese Einsicht ist übrigens nicht neu. Schon Martin Wagner, in den zwanziger Jahren Stadtbaurat von Berlin und als solcher berühmt geworden, schrieb seinerzeit: »Wie auch immer das organisatorische Führungsproblem einer Weltstadt gelöst werden mag, es wird letzten Endes in einem Sinne gelöst werden müssen, der dem dynastischen Regierungssystem in der Auswirkung ähnlich bleibt.« Es kann deshalb nicht genügen, hier eine eindimensionale Porträtskizze des Stadtbaurats abzuliefern: In seinem autokratischen, rudimentär »dynastischen« Handeln wird der Dezernent – freiwillig oder unfreiwillig – immer von seinem multiplen Über-Ich angeleitet. Er handelt ständig auch als sein eigener Kollege – als Wirtschaftsförderer, Stadtkämmerer, Entwicklungsplaner, Sozialpolitiker, Umweltbeauftragter, Kulturbürgermeister etc. Das Jonglieren mit sogenannten »Paradigmen« ist ihm in Fleisch und Blut übergegangen. Zu Erholung zieht er sich spätabends Woody Allens Film »Zelig« rein.

Es gibt durchaus Dezernenten deutscher Kommunen, die in diesem Jahrhundert mit ihrer Arbeitsbilanz in die Kulturgeschichte der Stadt eingegangen sind. Man kann sie an den Fingern einer Hand abzählen: Es handelt sich um Bruno Taut, Ernst May, Fritz Schumacher und den schon erwähnten Martin Wagner. Hans Scharoun, 1945/46 als Leiter des Bau- und Wohnungswesens für den Wiederaufbau Berlins verantwortlich, ist ein Sonderfall der Nachkriegszeit, dessen städtebauliches »Vermächtnis« – das Berliner Kulturforum – allerdings als problematisch angesehen werden muß.

Gemeinsam ist den erstgenannten, daß sie ihre grundlegenden Ideen im ersten Drittel des Jahrhunderts entwickelten und umsetzten. Sie hatten als Architekten und Planer ein ungewöhnlich breites Interessenspektrum. Und sie publizierten: Schumacher, Hamburgs Oberbaudirektor von 1909 bis 1933, hat umfangreiche Werke hinterlassen, unter anderem so unterschiedliche Titel wie »Zeitfragen der Architektur«, »Kulturpolitik« oder »Der Geist der Baukunst«. Bruno Taut machte Geschichte mit seiner visionären »Stadtkrone« und der pragmatischen Schrift »Die neue Wohnung«. Ernst May fungierte als Herausgeber der Zeitschrift »Das Neue Frankfurt«, und auch Martin Wagner meldete sich in zahllosen Zeitschriftenbeiträgen und einigen Büchern zu Wort.

Schöngeister also, *hommes des lettres,* wie man sie heute nur noch schwer findet? Vielleicht auch das; vor allem aber Strategen, die wußten, daß sie sich zu artikulieren hatten, wenn sie ihre Vorstellungen durchsetzen wollten. Und man darf ruhig annehmen, daß das Schreiben ihnen die Verfertigung der Gedanken erleichterte, die eigenen Zielvorstellungen schärfte, die daraus folgenden Strategien präzisierte. Sofern Einigkeit darüber erzielt werden kann, daß die deutsche Nachkriegsgeschichte keine Dezernenten von der Statur Schumachers, Mays oder Wagners mehr hervorgebracht hat – obwohl die Probleme und Chancen der Städte nach 1945 bestimmt keine geringeren waren als jene der Weimarer Zeit –, so mag man Gründe dafür durchaus auch in der verbalen Verstocktheit kommunaler Entscheidungsträger suchen und finden. Das Mitteilungsbedürfnis des zeitgenössischen Dezernenten erschöpft sich – diesseits der Vertraulichkeiten – in gewundenen, meist nichtssagenden Kommentaren, die unbrauchbare Schlagworte transportieren: Medienstadt, Erfahrbarkeit, urbanes Potential, Erlebnisräume, menschliches Maß, Verkehrsberuhigung, Zukunftsmärkte.

Dem Dezernenten von heute ist seine eigene Machtfülle nicht geheuer. Der eine leugnet sie listig, um die Last persönlicher Verantwortung zu begrenzen. Der andere leugnet sie nicht und begründet sein Phlegma mit dem Hinweis, er könne vor Kraft nicht laufen. Weitreichende planerische Gestaltungs- und Verhinderungsspielräume? Griffige Baugesetze und Ortssatzungen? Reine Theorie, wiegelt der Dezernent ab. Wenn Sie mit sowas dem Investor kommen! Schon der Mann vom Amt für Wirtschaftsförderung, immerhin Mitglied der Exekutive, amüsiere sich über solche Regelwerke ungeniert und verweise auf die Möglichkeit, notfalls Befreiungen auszusprechen.

Wir machen das ganz anders hier, sagt der Dezernent. Kooperativ, verstehen Sie? Das funktioniert auch. Und wie es funktioniert: Da hat doch neulich der Oberbürgermeister mit dem Vorstand der Bank diese großzügige Geschoßflächenzahl (GFZ) für die neue Verwaltungszentrale ausgekungelt, bevor er, der zuständige Dezernent, überhaupt von dem Projekt Kenntnis erhielt. Ja, Ärger gibt's schon auch mal im Amt, sagt der Dezernent. Aber das bleibt bitte unter uns.

Keine kommunale Führungskraft brächte es heute über sich, wie seinerzeit Martin Wagner »dynastische« Vollmachten für sich zu reklamieren. Keiner ginge heute das Risiko ein, wie Ernst May Stadtentwicklung und Wohnungspolitik mit den Mitteln offener Kungelei durchzusetzen: Man sollte nicht vergessen, daß ohne das elegante Zusammenspiel des Oberbürgermeisters Landmann, des Stadtkämmerers Asch und eben Ernst Mays das »Neue Frankfurt« nicht hätte entstehen können. Aber es ist nicht das feine Gespür für korrekte politische Kultur, für die Sensibilitäten des demokratischen Geschäfts, das den modernen Dezernenten von heiklen Vertraulichkeiten mit Kollegen anderer Flügel und Fraktionen abhält: Ihm fehlt schlicht die »Utopie der Realisten«, von der Martin Wagner noch geschwärmt hatte.

Höchstes Ziel des Dezernenten ist heute die reibungslose, schnelle Machbarkeit. Er will sich nicht blamieren, aber er muß auch nicht glänzen. Sein Ehrgeiz richtet sich darauf, anstehende Probleme so zu organisieren, daß sie mit konventionellen Mitteln lösbar werden. Große Kollegen der Weimarer Zeit nutzten das politische Potential des Kungelns, um soziale und urbanistische Experimente auf den Weg zu bringen – das scheinbar Unmögliche zu tun. Unsere Dezernenten mißbrauchen es, um Dinge schnell vom Tisch zu kriegen. Sie haken das Mögliche ab, bevor aus ihm etwas Interessantes werden könnte.

Dabei ist der Dezernent fachlich durchaus ernstzunehmen. Er weiß Innovationen zu schätzen. Ideen sind ihm nur ein Greuel, wenn er selbst damit herauskommen soll. Er ahnt: Große Würfe haben die fatale Neigung, im Kleinlichen zu enden, und er möchte nicht als einer dastehen, der immer als Tiger springt und als Bettvorleger landet. Natürlich könnte man aus dem geplanten neue Wohnquartier etwas Besonderes machen – wir haben an ökologischen Städtebau gedacht, richtig urban –, aber das kostet, die Investoren zieren sich, und es eilt doch. Ein andermal.

Weise Vorausschau demonstriert der Dezernent, indem er zu schwirigen Fragen Gutachten einholt. Die Probleme dürfen allerdings nicht besonders akut sein, denn dann könnte ein Gutachten als böswillige Verschleppung interpretiert werden. Schlecht auch, wenn das Problem durch lokale Diskussionen frühzeitig ideologisiert wurde: Schon heißt es, man wolle mit dem Gutachten Politik machen. Ein Dezernent darf aber heute nur noch öffentliche – öffentliche! – Politik betreiben, die nicht nach Politik riecht, sondern nach sogenannten Sachfragen. Was das ist, entscheidet sich von Fall zu Fall. Der Dezernent ist jedenfalls stolz auf seine Gutachten, die er in der Schublade endgelagert hat. Sie sind Ausweis perspektivischer Planung, egal, welchen Lauf die Dinge schließlich genommen haben. Mit anderen Worten: seine Persilscheine.

Auch mit Architektenwettbewerben läßt sich im Hinblick auf politisch oder fachlich artikulierte Stadtkritik ein trefflicher Ablaßhandel betreiben. Wettbewerbe sind letzten Endes Bestandteil städtischer Kulturpolitik; aber nur die Dezernenten für Planen/Bauen/Stadtentwicklung/Umwelt – vielleicht noch der Oberbürgermeister selbst – können daraus Honig saugen und Reputation gewinnen. Sie lieben dieses Instrument, weil es immer ein Hintertürchen für strategische Alternativen offenläßt, aber sie halten es für Luxus, den man sich nur selten leisten kann.

Wettbewerbe sprechen die Sprache, die es der Exekutive im Umgang mit der Stadt und den Bürgern längst verschlagen hat: eine bildhafte, in Maßen deutliche, mehr oder minder konkrete – gerade so verständlich, daß die *citoyens* sich einbezogen fühlen können in den städtischen Diskurs, und gerade so unverständlich, daß ihnen mehrheitlich der Mut zu lästigen Einreden fehlt.

Wenn der Dezernent einen wichtigen Anlaß sieht, Initiative, Dynamik und Entscheidungsfreude zu demonstrieren, läßt er einen Wettbewerb ausloben, am liebsten einen üppigen städtebaulichen Ideenwettbewerb. Damit zeigt er, daß er die Fäden in der Hand hat, an denen er gezogen wird: als planerischer Zampano, der die Aufgabe formuliert; als Gottvater, der in wohlüberlegtem Proporz die Preisrichter der Jury beruft; als Lokalpatriot, der schließlich im Preisgericht selbst dafür sorgt, daß die Ergebnisse des Wettbewerbs zufriedenstellend ausfallen.

Zufriedenstellend? »Wir sehen jetzt klarer«, hat der Dezernent mit sibyllinischem Lächeln der Presse mitgeteilt. In seinem multiplen Ego rumort es. Die nächste Sitzung steht bevor, und er muß den Kopf des Städtebauers noch schnell gegen den des Umweltschützers eintauschen.

GRWeh: der Vorsitzende

Dem notorischen Jury-Vorsitzenden geht der Text nicht mehr aus dem Kopf. Er fühlt sich angesprochen. Nein, nicht angesprochen: er fühlt sich gemeint. Der Spruch ist, genaugenommen, ein Gedicht. Fabelhaft poetisch: *mir schwebt / nichts vor / doch ist / um mich / ein flattern.* Einfach wunderbar. Ernst Jandl hat das geschrieben. Trotz der auffälligen Vorliebe für Kleinschreibung kein Architekt, also auch niemals Vorsitzender einer entsprechenden Wettbewerbsjury gewesen.

**Stefan Lausch, »o.T.«,
Courtesy Galerie
Rainer Wehr**

Jandl ist Dichter. Das bedeutet, er meint uns alle mit seinen Texten. Oder vielleicht nur sich selbst? Der Jury-Vorsitzende ist ein wenig stolz auf sein literarisches Allgemeinwissen. Aber hier fühlt er sich ganz allein betroffen, wider Willen.

Einfach schon deswegen, weil ihm als notorischem Jury-Vorsitzenden, der von Wettbewerb zu Wettbewerb eilt, nichts vorschweben darf. Er ist zur Vorurteilslosigkeit verdammt, immer und überall. Man verlangt von ihm ein Maximum an Urteilskraft, einen gewaltigen Fundus an Erfahrung – aber vorschweben darf ihm, bitteschön, nichts. Das wäre Ideologie. Manchmal fühlt der notorische Jury-Vorsitzende im tiefsten Herzen eine innige Wahlverwandtschaft zu Hans Dietrich Genscher, dem legendären Häuptling der FDP in ihren besseren Tagen. Auf ihn schien Goethes geflügeltes Wort gemünzt: »Prophete rechts, Prophete links, das Weltkind in der Mitten«. Genscher hatte so lange Erfolg, weil er die Personifikation des Jandl'schen Gedichtes war: Ein wohlgenährtes Weltkind, um das viele und vieles flatterten, ohne daß jemandem dabei etwas hätte vorschweben müssen.

Unser routinierter Jury-Vorsitzender hat nach wie vor Erfolg, weil er sich überzeugend als Genscher der Architekturpolitik darstellen kann. Er wirkt integrierend, sozusagen aus der Mitte heraus. Er ist nach allen Seiten offen. Er ist ein Moderator. Er nimmt einfach nicht zur Kenntnis, was ihm vorschwebt, sofern ihm gelegentlich etwas vorschwebt. Das ist ohnehin immer seltener der Fall. Der Job prägt nun einmal den Menschen, und man muß vorsichtig sein. Wo es um Architektur oder um Städtebau geht, gerät einer ganz besonders schnell in Verdacht, ein Ideologe zu sein. Ein Prädikat übrigens, das kaum irgendwo inflationärer verwendet wird als unter Architekten, speziell: unter den verschiedenen Gattungen der Funktionäre der Zunft. Sie lieben es immer noch sehr, weil ihnen entgangen ist, daß Technokraten vom Schlage Michail Gorbatschows längst die letzten Reste des ideologischen Zeitalters auf den Müllhaufen der Geschichte geräumt haben und man gegenwärtig niemanden mehr mit einem solch abgegriffenen Schlagwort prügeln kann.

Sie lieben es aber vor allem deswegen, weil sie glauben, sich mit dem Abwehrzauber »Ideologie!« diese überaus lästige Politik vom Leibe halten zu können, mit der Architektur und Städtebau – gegen jedes durch Vitruv- und Alberti-Lektüre verfeinerte Geschmacksempfinden – sehr stark zu tun haben.

mir schwebt / nichts vor / doch ist / um mich ein flattern: Was da flattert, ist unangenehm: Kommunalpolitik, Wohnungspolitik, Siedlungspolitik, Raumordnungspolitik, Bodenordnung – alles lästiger, trockener, komplizierter Kram. Jedenfalls nichts für Künstler, nichts für Meisterarchitekten, die unter der immer schon fragwürdigen Maxime »architectus secundus deus« einfach nur gerne als quasi-göttliche Schöpfer am Werk sind – entwerfend, bauend oder eben jurierend.

Manchmal klagt der prominente Jury-Vorsitzende öffentlich sein Leid. Aber er hält sich *gentlemanlike* im Zaum. Was er vorträgt, ist durchweg maßvoll. Dennoch: Die Verantwortung für das Wettbewerbswesen – ein hohes Kulturgut, wenn auch immer wieder umstritten – verlangt gelegentlich nach Kritik. Sie betrifft kaum je den Vorsitzenden selbst – er ist schließlich nur Moderator –, sondern fast immer andere Beteiligte: die Bauherren, die sich am Ende nicht dazu entschließen wollen, einen ersten Preisträger zu beauftragen; die vernagelten Sachpreisrichter, die oft wenig von der Sache verstehen und immer im Hintergrund herumtuscheln; die störenden, besser gesagt, eigentlich überflüssigen Sachverständigen, die den universell beschlagenen Fachpreisrichtern nur selten das Wasser reichen können; die nachlässigen oder anmaßenden Vorprüfer; einmal mehr die Auslober und ihre Helfer, weil sie keine vernünftigen Aufgabenbeschreibungen hinkriegen; aber auch die Kollegen im Preisgericht, die mit der GRW (den Grundsätzen und Richtlinien für Wettbewerbe) nur unvollkommen vertraut sind und außerdem von höchst unterschiedlichem Urteilsvermögen.

Mit spätscholastischer Raffinesse schafft es der bekennende Jury-Vorsitzende, die von ihm gegeißelten Auswüchse und Fehlentwicklungen im Wettbewerbswesen dann doch noch herunterzuspielen und zwischen jedem Satz, zwischen jeder Zeile das unausweichliche Moment des finalen Gelingens hervorzuheben. Sein Credo lautet: ein Wettbewerb, sei's nun ein städtebaulicher Ideenwettbewerb oder ein architektonischer Realisierungswettbewerb, *kann* im tiefsten Grunde gar nicht mißlingen. Es ist eine Heilsgewißheit, um die den Vorsitzenden jeder angehende Klosterschüler beneiden würde. Er hat sie allerdings erworben auf Kosten der leichtfertig preisgegebenen Einsicht, daß – siehe oben – (Stadt-)Baukunst und politische Kultur inniglich miteinander verwoben sind und notwendigerweise auch sein müssen. Strapazieren wir ein letztes Mal dieses stumpfe Wort: Ideologisch ist die Prämisse, es ginge in einem Wettbewerbsverfahren zunächst um »politische« Vorgaben, dann um eine »unpolitische« Aufgabenbeschreibung, schließlich um »wertfreie« Entwürfe und letztlich um eine »objektive« Jurierung.

Weil der notorische Jury-Vorsitzende meint, sich selbst jede Vision versagen zu müssen – denn in ihr wäre immer auch jenes Quentchen gesellschaftspolitischer Stellungnahme verborgen, das seine Person wiederum des Anscheins allfälliger Unparteilichkeit berauben könnte –, muß er ständig Sorge haben, mit der Entwicklung Schritt zu halten. Der Zeitgeist ist sein ständiger Weggenosse: ein wendiger Bursche, der in sicherem Abstand zum Geist der Avantgarde hinter eben diesem hertrottet wie Sancho Pansa hinter Don Quixote. Er tippt dem Vorsitzenden auf die Schulter, wenn mal wieder ein bißchen Abwechslung in der Baukultur angesagt ist.

Welcher Art? Das ist immer die große Frage. Es trifft sich gut, daß der Vorsitzende Lehrstuhlinhaber an einer Technischen Universität ist. Das hält ihn irgendwie fit, läßt ihn den Puls der Gegenwart spüren, sorgt ständig für die nötige geistige Frische. Die ungestümen Reflexe der Studenten auf die »Paradigmenwechsel« bereits populär gewordener Avantgarden können bei ihm, dem Vorsitzenden, sofort weitergehende und gleichsam läuternde Reaktionen auslösen. In seinem Denken mischen sich professionalisierte Jugendlichkeit und altersweiser Pragmatismus. Während die Studenten sich noch an Rem Koolhaas' »Delirious New York« abarbeiteten, dachte er schon an die bescheidenen Delirien von Detmold, Dortmund oder Darmstadt.

Es stimmt: Er hat ein feines Gespür für das Kommende in Gestalt des Wiederkehrenden. Seine Postmodernität ist an keine Dienstvorschrift gebunden, sie geht auch umstandslos als Modernität durch. Es ist noch gar nicht so lange her, da zierte ein Graffito die Toilettenräume des Instituts: »Architektur muß brennen!« Natürlich kannte der Vorsitzende längst diesen himmelblauen Schmäh aus Wien. Er hatte ihn weder als Theorie noch als Programm interessiert, warum auch. Aber das hartnäckige Interesse der Studenten an »dekonstruktivistischen« Ausdrucksformen bestärkte ihn schließlich im vagen Gefühl, man könne im einen oder anderen Wettbewerb der näheren Zukunft durchaus mal augenzwinkernd ein begrenztes, ein kalkuliertes Risiko eingehen. Fortan gab es Ankäufe und kleine Preise für Entwürfe in revoltierender Schräglage. Der Vorsitzende weiß allerdings, daß diese Art von Humor es schwer haben wird, sobald die Zeiten härter werden und die Zahl der Wettbewerbe weiter zurückgeht. Seine Studenten üben sich längst in wohlanständiger Notdürftigkeit. Auch das kennt der Vorsitzende längst aus den eigenen Aufbruchsjahren, denen zu seiner Freude nun auch so etwas wie Klassizität zugebilligt wird.

Immer wieder verblüfft es den Vorsitzenden, wie für ihn der Alltag der universitären Lehre mit der Praxis der Wettbewerbs-Jurys verschmilzt. Hier wie dort ist sein rastloser pädagogischer Eros gefragt. Hier wie dort ist die Situation von forscher Unsicherheit geprägt und von zuversichtlichem Dilettantismus. Das liegt keineswegs allein an der Gruppe der sogenannten Sachpreisrichter, die im Wettbewerbsverfahren die Kombination von eiskaltem Bauherren-Kalkül und herzerfrischendem architektonischen Laienurteil repräsentieren sollen. Weil es den architektonisch vorgebildeten Fachpreisrichtern um keinen Deut leichter fällt, sich in Pläne einzulesen, die nicht ihre eigenen sind, und in Aufgabenstellungen zu versenken, die sie nicht zufällig selbst zu bearbeiten hatten, wird dem Vorsitzenden regelmäßig die Funktion des Mentors zugewiesen. Er gibt Nachhilfeunterricht: Ein Sokrates im akademischen Hain der Pinnwände, ein Mäeutiker, dessen propädeutisches Stegreifgeplauder aus den Plänen und Modellen der Wettbewerbsteilnehmer filigrane Wahrheiten von schönster Vorläufigkeit herauspräpariert – bei jedem Rundgang andere.

Sokrates' berühmtes Diktum »Ich weiß, daß ich nichts weiß« hat auch der Jury-Vorsitzende schon mal gehört. Aber er kann die sokratischen Aporien, in die ein Architektenwettbewerb allzu nachdenkliche Juroren unweigerlich hineinführt, nicht einfach stehenlassen. Jener verlangt nach Lösungen, und zwar subito. Von ihm, dem Vorsitzenden, erwartet man die

Herbeiführung eines Votums mit satter Mehrheit. Deshalb überzeugt der Vorsitzende die Juroren als erstes davon, daß alle Anwesenden durchaus alles wüßten, was zur Beurteilung der Entwürfe nötig sei. Worum geht es schließlich? Um relative Qualitäten – um Funktionalität, städtebauliche Unbedenklichkeit, Realisierbarkeit. Wer dann immer noch meint, er wisse nichts – tja, der weiß einfach gar nichts oder schon zuviel und gehört nicht in eine Jury.

Oder vielleicht doch? In jüngster Zeit werden Vorwürfe laut, Wettbewerbe würden nicht selten schwache Ergebnisse zeitigen. Ein großer Teil dessen, was die Fachwelt im letzten Vierteljahrhundert besonders scharf und engagiert kritisierte, ist in der Tat Ergebnis aufwendiger städtebaulicher oder architektonischer Wettbewerbe gewesen. Die Debatte kreist um die »richtigen« Schuldzuweisungen. Die einen diagnostizieren schwere Mängel in der Aufgabenformulierung von Wettbewerben, die anderen kritisieren bei Teilnehmern und Juroren einen fatalen Hang zur spektakulären, aber leeren architektonischen Geste.

Der notorische Jury-Vorsitzende läßt sich nicht irre machen. Verallgemeinerungen sind ihm ein Greuel. Sein persönliches Renommee basiert auf all dem Besonderen, das er an vorderster Stelle mit Lob & Preis bedachte: Es war mal besonders brutalistisch, später besonders postmodern, dann besonders High oder Tech. – Nein, klingt gar nicht gut, denkt der Vorsitzende. Zu schematisch. Wir haben immer differenziert. Abgewogen. Rundgang um Rundgang. Es ging um Moral. Um Ethik im Maßstab 1:200 sozusagen.

Aber welchen Maßstab haben Widersprüche, die sich nicht auflösen lassen? Wie »politisch« muß das mühsam objektivierte Urteil von Fachpreisrichtern letztlich doch noch sein? Der Vorsitzende grübelt nach, ob er sich mal einem verfahrenen Verfahren verweigert hat: Weil das Programm nicht stadtverträglich war. Oder weil die bekannten Standpunkte der berühmten Kollegen sich am Ende nur neutralisieren konnten. Ein Rücktritt mit Aplomb nach der Preisrichtervorbesprechung! Schlagzeilen! Der Vorsitzende seufzt. Sein Gedächtnis spielt ihm einen Streich. Es meldet korrekt: Fehlanzeige.

Die Grauen Herren

Die Bankiers pfeifen es von den Flachdächern ihrer Hauptverwaltungen: Geld regiert die Welt. Die Wirtschaft kann nicht bescheidener sein. Auch die Bauwirtschaft und der Immobilienmarkt sind nach diesem schlichten Prinzip eingerichtet. Mit anderen Worten: Geld regiert auch die Städte – und mit ihnen das Städtische. Was Urbanität war, ist oder sein kann, wurde von den Kulturhistorikern nie besonders genau und widerspruchsfrei definiert. Aber praktisch alle waren sich über die Zeiten hinweg einig, daß der Begriff ein (hohes) Mindestmaß menschlicher Austauschprozesse bezeichne, die sich in stabil geordneten, auch räumlich strukturierten Verhältnissen vollziehen. Da Geld ein wesentliches Medium des zivilisierten Tausches ist, sind mithin jene Orte besonders städtisch, wo viele kleinere und größere Kapitalien zirkulieren.

Eine Binsenweisheit. Aber sie hat den Vorzug, Urbanität meßbar zu machen. Ausgerechnet die Abstraktheit des Geldverkehrs füllt die Leerformel »Urbanität« mit unüberbietbarer Konkretion! Gegen diese wirkt alle ungenaue Schwärmerei vom Zauber Roms, von der umwerfenden Skyline New Yorks oder der rätselhaften Sogwirkung Wiens klischeehaft und lächerlich. Ist Frankfurt am Main vielleicht nicht urbaner als vergleichbar große, sagen wir besser: kleine Städte? Frankfurt ist der wichtigste Bankenplatz in Deutschland. Das eben macht ihn urban – zu allererst. Die Menschen dort tauschen sich nicht nur untereinander aus, sie pflegen auch überaus nützliche Kontakte weltweit. Man ist mit den Filialkunden in Mecklenburg-Vorpommern ebenso geschäftlich verbunden wie mit den Brokern in überseeischen Metropolen.

Von der gemütsarmen – aber ziemlich kritikresistenten – Gleichsetzung des Städtischen und der auf engem Raum konzentrierten Wirtschaft profitieren die Grauen Herren. Sie tragen manchmal die sprichwörtlichen Nadelstreifen, aber das ist durchaus nicht zwingend. Die hier interessieren, sind im landläufigen Sprachgebrauch Investoren, Fondsmanager, Versicherungsleute, Generalunter- oder übernehmer, Projektsteuerer, Immobilienhändler und -berater. Sie verfolgen alle ihre besonderen Spezialinteressen, aber ihr Umgang mit der Stadt und ihr Verhältnis zur Urbanität sind sich jeweils verblüffend ähnlich. Deswegen sei hier auch erlaubt, sie als Graue Herren dezent über einen Kamm zu scheren.

Die Grauen Herren – man kennt sie schon in einem anderen Zusammenhang. In Michael Endes Bestseller »Momo«, der als Jugendlektüre startete und schließlich zum Kultbuch märchensüchtiger Yuppies avancierte, sind es sinistre Gestalten: unermüdlich bestrebt, die Zeit der Menschen zu verwalten, zu verknappen und sie so erst klammheimlich, dann offen in Beschlag zu nehmen. So ungefähr.

Die Grauen Herren der Bau- und Immobilienwirtschaft sind keine Fabelwesen. Auch keine sinistren Typen wie bei »Momo«, sondern eine ehrenwerte Gesellschaft. Daß sie bestrebt sind, Geld zu verdienen, wird man ihnen ernsthaft nicht vorhalten wollen. In der Rolle der Kapitalisten sind sie freilich furchtbar langweilig. Profil gewinnen sie hingegen als graue Eminenzen auf den Feldern der Stadtentwicklung, der Bauleitplanung, des Städtebaus, der Architektur. Stets Sachwalter einer blühenden, dynamischen Stadtwirtschaft und deshalb immer bemüht, Bodenwerte und Bauwerke in einem regen Kreislauf der Rentierlichkeit zirkulieren zu lassen, gebärden sie sich als Treuhänder der Urbanität. Wie Warenterminhändler Schweinehälften und Kakao-Kontrakte über den Globus reichen, ohne sich dabei die Hände schmutzig zu machen, so schieben die Grauen Herren Urbanität in der Stadt umher. Sie lassen sie hier oder da verschwinden und bringen sie anderswo in neuer Form zum Vorschein: gereinigt, sterilisiert, modernisiert, zurechtgebogen, verdünnt oder im Gegenteil als Konzentrat.

Die Grauen Herren der Immobilienbranche haben sich der Atmosphäre der Städte bemächtigt. In Michael Endes Geschichte hindert Momo ihre Gegenspieler an der Machtergreifung über die Zeit. Den real existierenden Grauen Herren stellt sich niemand in den Weg. Sie handeln in schönstem

Einklang mit dem Bau- und Steuerrecht, der unternehmerischen Bilanzierungskunst und den Förderrichtlinien der Wohnungsbaupolitik. Sie leben davon, Häuser zu errichten oder errichten zu lassen, die kein Bauherr mehr bauen oder auch nur besitzen möchte. Sie basteln an Projekten, die nur dem Zweck dienen, gutverdienenden Anlegern steuerliche Abschreibungsmöglichkeiten zu eröffnen. Sie haben ein neues Element in die Stadt eingebracht, die »Investorenarchitektur«. Auf neudeutsch nennt man das heute »spec buildings«.
Es ist etwa das gleiche, was man einst abschätzig Sparkassenarchitektur nannte – eine Mischung aus Spießigkeit und Protz, nur mittlerweile etwas aufgepept im Sinne postmoderner Frivolität.

Die Grauen Herren haben ein vollkommen entspanntes Verhältnis zu den Architekten. Umgekehrt läßt sich das nicht sagen. Die Architekten und ihre Verbandsvertreter starren wie hypnotisiert auf diese im Epochenmaßstab der Baugeschichte relativ junge Spezies von mediatisierten, fast schon virtuellen Bauherren, die sich so überaus geschmeidig gegenüber allen Verhältnissen zeigen, aus denen sich Honig saugen läßt.
Und man könnte sagen, sie starren in doppelter Weise: wie Kaninchen auf die Schlange und wie die ersten Menschen des Alten Testaments auf die geringelte Kreatur im paradiesischen Obstbaum.

Denn die Grauen Herren scheinen ihnen Bedrohung und Verführung zugleich. Bedroht fühlen sich die Architekten in ihren Entwurfs- und Planungsspielräumen, das heißt in ihrer Würde als Freiberufler mit dem Anspruch auf künstlerische Selbstverwirklichung. Verführt sehen sie sich dagegen durch eine effektive, straffe, unbürokratische und deshalb auch lohnende Zusammenarbeit. Unter den Grauen Herren sind meist auch versierte Projektmanager, die all das perfekt erledigen (lassen), was nicht wenige Architekten bisher gar nicht so gut können wollten: jene mühselige Kleinarbeit nämlich, die im § 15 ihrer Honorarordnung (HOAI) unter den Leistungsgruppen 5 bis 9 aufgeführt ist. Sie erfordert und bindet Kräfte in einem Maß, dem sich manche Architekten nicht gewachsen fühlen – oder es hält die erfolgreicheren unter ihnen von anderen attraktiven Entwurfsaufgaben ab, die vielleicht schon warten.

Mit den Grauen Herren kam ein neuer Zug in die städtische Planungspraxis, und zwar auf so ziemlich all ihren Ebenen. Deren herkömmliche Hierarchie und Logik gilt nicht mehr besonders viel. Das Projektdesign der Ökonomen hat eine eigene, spezielle Rhythmik. Sie entspricht weder den Wahrnehmungsmustern der Kommunalpolitik noch stimmt sie mit der Arbeitsweise von Behörden und jener der Architekten besonders gut überein. Viel wesentlicher – dieses Projektdesign hat auch andere Beweggründe und Ziele. Immer häufiger kommt es vor, daß die Grauen Herren als Investoren und Projektentwickler gar nicht mehr auf Marktlücken oder -entwicklungen reagieren, sondern versuchen, selbst Märkte zu schaffen. Dabei klopfen sie sich selbst auf die Schulter: Wenn schon sonst keiner in die Zukunft denkt – sie selbst tun es jedenfalls.

Manchmal stellt sich diese Zukunft gegen die Stadt, wie sie ist und wurde: Pech für die Stadt. Pech auch für jene, die in ihr wohnen. Sie müssen plötzlich ihre konkreten Interessen verteidigen gegen Wünsche, welche die scheinbar seherisch begabten Projektentwickler stellvertretend für ihre Kunden formulieren. Die Grauen Herren haben sie vielleicht noch gar nicht an der Angel – aber ihr wirtschaftliches Kalkül, untermauert mit vielen Investitionsmillionen, überrollt nicht selten die Konzepte der Stadtplanungsämter und entzündet die Phantasie von Kommunalpolitikern. Wer so gewaltige Summen riskiert, wird sich doch etwas dabei gedacht haben! Gerade die nüchtern wirkenden Zahlenspiele der Grauen Herren müssen den von allen Leitbildern verlassenen Gemeinderäten als echte Visionen erscheinen. Ganz besonders dann, wenn die Investoren Architekten ins Spiel bringen, die man den Laien als international renommierte Stars verkaufen kann.

Wenn auch die Grauen Herren der Immobilienwirtschaft immerfort von der Zukunft und ihren Herausforderungen reden: Ihr Zeithorizont ist bemerkenswert eng und ihr Denken zyklisch. Ein Marktsegment öffnet sich, wird »entwickelt« bis zur Sättigung und dann uninteressant oder gar gefährlich. Diese Pause nennt man Konsolidierung. Dann beginnt ein neuer Zyklus, oder eine andere Nische tut sich auf. Die Karussellfahrt der Zeit wird den Grauen Herren zum Schicksal. Alles, was sie tun oder – zum Beispiel von Architekten – erledigen lassen, ist von akuter Dringlichkeit. Es geht ständig darum, die Wettbewerber auf dem Karussell zu überholen, ohne herunterzufallen.

Deshalb ist der Topos »Stadtentwicklung« für die Grauen Herren auch kein Topos, sondern eine negative Utopie. Er umfaßt mehr Zukunft, als sie verkraften können, und er entzieht sich dem Reflex des zyklischen Denkens, auf das die Bruderschaft festgelegt ist. Die Grauen Herren der Immobilienwirtschaft haben deshalb auch keinen besonders positiven Anteil an der Gestaltung der Stadt. Sie greifen nur in sie ein – manchmal brutal, öfter banal. Ihr Erwartungshorizont umfaßt einige Jahre, aber keine Dekade oder gar mehrere. Ihr Interesse gilt keiner ästhetischen oder gesellschaftlichen Form, sondern nur der Schlüssigkeit von Finanzierungs- und Marketingkonzepten.

So müssen wir uns auch nicht wundern, daß manche Architekten mit einiger Hochachtung und größtem Wohlwollen von den Grauen Herren sprechen, mit denen sie zu tun hatten. Sie wurden teilweise angenehm überrascht von den gestalterischen Freiheiten, die ihnen zugestanden wurden – im Rahmen des Budgets und der Termine, versteht sich. Ihre Vorhaltungen, daß die Kundschaft der Projektentwickler eventuell auch ästhetische Ansprüche geltend mache und ein Bürogebäude mit repräsentativer Fassade und einem noblen Foyer schneller zu vermieten oder zu verkaufen sei als eine schäbige Klitsche, blieben nicht ungehört. Die Grauen Herren wissen, daß Corporate Identity nicht nur das Privileg der Großkonzerne ist, sondern gerade bei den Dienstleistern, für die sie bauen, einen beachtlichen Stellenwert genießt. Und Corporate Identity ist eine Frage solider Gestaltung: Ein Stück Design, finden die Grauen Herren.

Das ist das Stichwort, bei dem der Architekt kurz schlucken muß. Daß sein ordentlicher Entwurf, der unter den Händen des Generalübernehmers diesmal glücklicherweise – zufälligerweise? – nicht allzu sehr gelitten hat, in den Augen der Grauen Herren integrierter Bestandteil eines intelligenten Marketing-Konzepts ist, will er sich noch gefallen lassen. Daß die Arbeit am Projekt sich nicht kontinuierlich aus präzisen Rahmenbedingungen entwickeln konnte, sondern von den Wechselfällen der Finanzakrobatik bestimmt wurde –

geschenkt. Aber die architektonische Gestaltung als Design zu bezeichnen, das ist ein Affront. Es geht schließlich um Substanz, um Handschrift – um Stil.

Zum Stil der Grauen Herren gehört es, von den Kommunalverwaltungen zukunftsorientierte Planungen einzufordern und diese dann als allzu starres Korsett für den Investor zu bezeichnen. Sie beklagen auf ihren Zusammenkünften ungeniert die Sterilität und Verödung der Citys, die sie selbst befördert und durchgesetzt haben. Sie inszenierten noch vor kurzem die ästhetische und funktionelle Monotonie ganzer Stadtquartiere und preisen heute Vielfalt und Differenz: Nur sie garantierten Urbanität.

Obwohl durchsichtig, schillern die Argumente der Herren in allen Farben. Nur sie selbst bleiben grau. Die Zahlen in ihren Bilanzen: fast immer schwarze. Farblos ist dagegen die Investorenarchitektur. Gemessen an ihrem Anspruch ist das eine Qualität. Wir müssen vermutlich noch dankbar sein.

Berliner Weise mit Schuß

»Target Pistol and Man«
von Alex Colville

Seit John F. Kennedys historischem Auftritt in Deutschlands geteilter Hauptstadt – Anfang der sechziger Jahre, also in den Hochzeiten des Kalten Krieges – wissen wir, daß in uns allen ein Berliner steckt oder zumindest stecken sollte. Und zu dem gehört nun einmal die kesse »Schnauze«: ein tonangebendes Organ selbst dann, wenn der innere Berliner nicht auf der Rolle des Über-Ich bestehen sollte, was ihm grundsätzlich schwerfällt.

Kennedy hatte es in der geteilten Stadt noch leicht. »Ick bean aain Börlinör« quetschte der amerikanische Präsident zum Abschied ins Mikrofon. Das versammelte Publikum war gerührt. Es glaubte umstandslos den einfachen, aber herzlichen Worten und geleitete den Sendboten aus dem Land der Rosinenbomber in Trance zum Flughafen. Das war, wenn wir uns recht erinnern, nach dem Bau der Mauer.

Wer heute den Berliner in sich zum Vorschein bringen will, muß schon eloquenter sein. Die Behauptung, man sei einer, wäre schlicht kontraproduktiv. Ein polizeilicher Meldezettel aus Spandau, Kreuzberg oder Friedrichshain wird so wenig Eindruck machen wie ein Gepäckaufbewahrungsschein für den obligatorischen Koffer im Bahnhof Zoo. Es hilft nur noch wenig, Gefühle der Zugehörigkeit herauszukehren – es geht allein darum, die Fähigkeit zum Mitreden zu demonstrieren. »Aaain Börlinör« im Sinne jener geradezu pfingstlichen Vergemeinschaftung, wie sie der nette kalte Krieger Kennedy damals auf seine Weise hinkriegte, ist heute nur, wer den berlinischen Diskurs professionell, streitbar und dennoch gut aufgelegt begleiten oder gar beeinflussen kann – egal von welchem Ort aus.

Was aber könnte der Inhalt eines Berlin-Diskurses sein? Natürlich keine lokalen Petitessen, sondern Hauptsächliches und Grundsätzliches. Der Kalte Krieg ist Kalter Kaffee – aber als Thema war er schon ziemlich hauptsächlich und grundsätzlich. Damals ging es um das, was die Politiker gelegentlich Bündnis- oder Block-Architektur nannten. Seit den Bündnissen aber die satisfaktionsfähigen Gegner abhanden kamen und die Blöcke bröselten, zog man sich thematisch mehr und mehr auf die Architektur als solche zurück. Mit einiger Plausibilität: Immerhin war Berlin einmal fast so etwas wie eine Weltstadt. Und nach der Rückgewinnung der verlorenen Hälfte beziehungsweise der Haupstadtfunktion ist der Versuch nicht länger lächerlich, wieder in den Club der Metropolen aufgenommen zu werden: Der Versuch wohlgemerkt – nicht unbedingt die Mittel, die man einsetzt bei der Verfolgung dieses Ziels.

»Gewiß wird von einer Provinz Berlins alle drei bis fünf Jahre etwas in die Welt gesetzt, was mit dem Anspruch eines Formkanons auftritt«, schrieb Bruno Taut zu Zeiten der Weimarer Republik in einem Aufsatz, der die Überschrift »Via London – Paris – New York – Neu-Berlin« trug. »Heute sind es die horizontalen Fensterbänder, welche die Pfeiler vermogeln, es sind die Leuchtröhren, das Weißmetall, der Travertin usw.; vor fünf Jahren war es das Zickzack, und nach drei Jahren wird es etwas anderes sein. Diese Provinz Berlins . . . muß, da das Geschäftsleben ein Jahrmarkt ist, das immer aufs neue Auffallende bieten und versorgt auch die architektonische Konfektion mit den gangbaren Modellen, die man allgemein ›trägt‹.«

Pfeiler vermogeln? Metall oder Travertin? Ahnte Bruno Taut etwa schon etwas von der heutigen Berliner Architektenkontroverse, die im wesentlichen davon handelt, wie wuchtig und steinern oder wie lochblechern und glasig die Baukunst daherzukommen habe? Spielte Taut mit dem Begriff »Zickzack« hellseherisch auf den Grundriß des Jüdischen Museums an, mit dem Daniel Libeskind vor einigen Jahren den entsprechen-

den Wettbewerb gewann – eben jener Libeskind, der als
»Dekonstruktivist« in Berlin für einige kurze Momente scharfe
Morgenluft zu wittern glaubte und dann, weil die Nase ihn
getrogen hatte, die ganze Architekturküche inmitten der
brandenburgischen Streusandbüchse kurzerhand für totalitär
erklärte und sie in Richtung Kalifornien (fast) verließ?

Die am wenigsten gewagte Voraussage Tauts war jedenfalls
die, Berlin werde die weitere Umgebung auch künftig mit
Mustern für die architektonische Konfektion versorgen. Das
hatte in den zwanziger Jahren einigermaßen gut geklappt,
das war unter Hitler kaum anders, und es funktionierte in der
zweiten Jahrhunderthälfte immerhin zu Zeiten der Internationalen Bauausstellungen. Allerdings muß man eine deutliche
Akzentverschiebung feststellen. Die Etiketten stimmen nicht
mehr so ganz. Berlin exportiert heute kaum noch konfektionsreife Schnittmuster, sondern städtebauliche Widersprüche, die
– als scheinbar avantgardistische Architekturmodelle getarnt –
die Schlafmützen in der Provinz verzaubern sollen.

Psychologisch einleuchtend, aber konträr zu den keineswegs vereinheitlichten Wirtschafts- und Lebensverhältnissen in
der föderal verfaßten Republik, neigt man hierzulande bei der
Verfertigung von Leitbildern mittlerer Reichweite zu einem
gewissen Zentrismus. Die Kunstszene schaut immer noch auf
das Rheinland zwischen Köln und Düsseldorf. Wer Anleitung
für einen ebenso extravertierten wie glamourösen Lebensstil
braucht, tut sich in München um. Und wer in der Architektur
mitreden will, mischt sich am besten in eine Berliner Kontroverse ein oder speist wenigstens einen aufgeschnappten
Fetzen Hauptstadttratsch in die etwas bescheideneren Planungsdebatten von Kleinkleckersdorf und Posemuckel ein.
Das scheint legitim – hat nicht umgekehrt ein Sprecher des
Großinvestors Daimler-Benz am Beispiel der Planung für
den Potsdamer Platz warnend davon gesprochen, hier werde
nach den Maßstäben Posemuckels vorgegangen?

Immerhin – Hauptstadt bleibt Hauptstadt. Aber es ist schon
erstaunlich, wie sehr ein reichlich affirmatives Gezänk um die
»angemessene« Materialität urbaner Strukturen – also ein
Streit um Oberflächen, um Fassadendesign – nicht nur vor Ort
selbst, sondern in der Wahrnehmung der gesamten deutschen
Architekturszene den Stellenwert eines vatikanischen Konzils

gewinnen kann. Weniger als eine Handvoll selbsternannter Kardinalstaatssekretäre heizen den Diskurs an, indem sie sich demonstrativ aus ihm ausklinken, anderen das Wort abschneiden oder im Mund verdrehen. Und die Republik hört gebannt zu und liest mit, als würden Schicksalsfragen des Abendlandes verhandelt.

Dabei ist alles nur Roßtäuscherei. Die Hauptstadt-Etikette erfordert es, seitens der Architektenschaft anspruchsvoll klingende »inhaltliche« Positionen zu vetreten, wenn es in der Praxis allein um die Gunst der Investoren geht. Denen liegt vor allem am Herzen, ihre Projekte in rationeller Portionierung – und das heißt: in allzu großen Brocken – und ohne zeitverschlingende Reibereien über die Bühne zu bringen.

Urbanität? Jederzeit! Die »Tektoniker« um Hans Kollhoff, der sich zu Beginn der neunziger Jahre noch über die altmodische Blockbebauung Berlins lustig machte (»Buletten«), haben den Block neu erfunden. Er ist jetzt größer, das Hinterhaus nach Bedarf ein Wolkenkratzer. Aber bleibt nicht das Raumgefühl der Stadt des 19. Jahrhunderts erhalten, und gilt nicht die Parzelle weiter als Maßstab urbaner Vielfalt? Der Witz, den die Investoren gut verstanden haben, liegt in der maximalen »Parzellengröße«. Es darf heute etwas mehr sein als es im 19. Jahrhundert die Regel war – mittlerweile ist der Block die Parzelle. Und in ganz Deutschland lernt man von Berlin.

Warum das Scharmützel zwischen den preußisch kostümierten »Tektonikern« und der technisch, (de-)konstruktivistisch, international oder auch »medial« orientierten Fraktion auf dem Feld der Architektur und nicht inhaltlich auf dem des Städtebaus ausgetragen wird, leuchtet also bei genauerem Hinsehen unmittelbar ein. Die Techno-Clique kann selbstverständlich leicht nachweisen, daß Architektur aus Stahl und Glas bei weitem nicht so transparent ist, daß mit ihr die Grenze zwischen Innen und Außen, zwischen Haus und Stadt verschwömme: schon gar nicht unter dem Himmel von Berlin. Und mit Günter Behnischs Entwurf für die neue Akademie der Künste am Pariser Platz ist auch klar, daß diese Architektursprache sich nicht grundsätzlich gegen städtebauliche Einordnung sperrt.

Aber umgekehrt – im planerischen Kontext – würde schnell deutlich, daß beide Parteien jenen ökonomischen Kräften nichts – weder Mumm noch Konzepte – entgegenzusetzen haben, die darauf drängen, in der Berliner City in kürzester Frist maximale Renditen zu erzielen. Sowohl die klassisch orientierten Großmeister wie auch die Nostalgiker der Avantgarde, denen Stadtplanung nichts mehr gilt und die sich lieber im Chaos der fünfziger und sechziger Jahre gemütlich einrichten wollen, sind Selbstverwirklicher. Die recht harmonische Programmatik der letzten IBA, welche Stadtbau-Kunst und Stadt-Baukunst, Sozialverträglichkeit und Partizipation in eine bemerkenswerte Balance brachte, gilt ihnen heute als zu provinziell und zu zeitraubend.

Die Aufmerksamkeit der deutschen Architekturszene gegenüber den Berliner Querelen gilt also einem Aspekt, der für die Architekten zunehmend wichtiger wird: dem Marketing. Es geht darum, den unschönen Begriff »Investorenarchitektur« unter den Augen der etwas müde gewordenen und zusehends formalistisch argumentierenden Kritik aufzuhübschen, ohne am Grundkonzept ökonomische Abstriche machen zu müssen. Vor den Auftrag haben die Götter die erfolgreiche Selbstdarstellung und -positionierung gesetzt. Und all die Berliner von München bis Hamburg tun ihr Bestes, um den höheren Ansprüchen der Mediengesellschaft und gleichzeitig dem berufsständischen Regelwerk zu genügen: Immerhin kennen die Kämpfe auf sorgfältig ausgesuchten Nebenschauplätzen echte Gewinner und Verlierer.

Überflüssig die Frage, welches Interesse die bundesrepublikanische Öffentlichkeit an dem hat, was in Berlin jenseits der Achse City-Ost/City-West passiert – keins natürlich. Die geplanten Vorstädte im nordöstlichen Bereich: Mengen von Peanuts. Die Sanierung heruntergekommener Stadtteile – heute, nachdem die aufregend schönen Tage von Kreuzberg/SO 36 vergangen sind: Wer interessiert sich schon für die Rückkehr zur Routine? Und die ökologische Verfassung der neuen Hauptstadt? Nicht schon wieder! Zur Schnauze des Berliners in uns allen gehört auch, daß der sie plötzlich hält, wenn kesse Sprüche nichts mehr bringen.

Der Drausmacher

»Der erste Aufstieg des Modulor in höhere Regionen«, Le Corbusier, 1951

»In dem einen Laden ... war eine neue Galerie anzulegen. Herr Valentin dachte nur an die Treppe, die eingebaut werden mußte: daß sie nicht zuviel Stufen hätte und schmal genug ausfiele, wenn möglich mit Krümmungen und einem Verschlag unter dem Podest. Der herausgeschundene Verschlag bereitete ihm größere Freude als die offene Galerie.«

In der Gestalt des Architekten Valentin beschreibt Siegfried Kracauer, Autor des leider vergessenen Romans »Ginster« und durchaus vom Baufach, kurz und prägnant den berufsständischen Typus des Drausmachers. Herrn Valentin gelingt es, sowohl aus den schwierigen Zeiten (die Handlung des Romans spielt in den Jahren des Ersten Weltkriegs, Kracauer schrieb »Ginster« in den zwanziger Jahren) etwas zu machen als auch aus seinen Aufträgen, die er von Kriegsgewinnlern erhält. »Er war, wie Ginster bald erfuhr, Beigeordneter des Städtischen Hochbauamtes und zählte zu den Obmännern des Architektenvereins. Die Ehrenämter brachten nichts ein, mochten nur allenfalls zu praktisch verwertbaren Beziehungen führen. Wichtiger war Herrn Valentin noch, daß er als Inhaber solcher Posten sich zu einer öffentlichen Person erhob, die Vertrauen beanspruchen durfte.«

Wenn also Herr Valentin eine Galerie in einen Laden einzubauen hat, macht er was draus: zum Beispiel einen Verschlag unter der Treppe, die zur Galerie hinaufführt. Herr Valentin ist ein Drausmacher, dem das Großartige nicht gelingt und der seine Auftraggeber deshalb immer wieder mit kleineren, praktischen Lösungen entschädigt. Das bestätigt nebenbei jenes Vertrauen, das er sich an der Peripherie der Lokalpolitik, in der Grauzone des Filzes, bereits erworben hat. Und es zeugt von Alltagsnähe.

Der Drausmacher hat die Routinen des Planens und Bauens so fest im Blick wie kaum ein anderer Kollege. Er ahnt: Beim Versuch, einmal einen »großen Wurf« zu wagen, würde er sich bloß den Arm auskugeln. Künstlerische Freiheit bedeutet ihm wenig, weil man sie ihm ausdrücklich nie einräumen und er sie aus guten Gründen auch nicht laut reklamieren würde. Dafür weiß er genau, wo der Bartel den Most holt. Spielregeln und Machtverhältnisse sind ihm geläufig. Er verschwendet keine Energie daran, an ihnen zu rütteln, sondern paßt sich lieber unauffällig an. Er hält sich für einen ausgekochten Realisten und darüber hinaus – im Vergleich mit seinen eher robusten Bauherren – für den Klügeren, der im Zweifelsfall nachzugeben weiß.

Sein Wesen und Wirken ist deshalb nicht zu unterschätzen. Der Drausmacher sorgt mit seinesgleichen dafür, daß die Normalität in Architektur und Städtebau so bleibt, wie sie ist: sehr durchschnittlich eben. Nun hat alles zwei Seiten, auch der Durchschnitt. Es gibt den guten und den schlechten. Und in der Architektur manchmal – leider sehr selten – noch etwas Drittes: eine besondere Qualität der zurückhaltenden

Art. Sie wird erkennbar erst bei genauerem Hinsehen, zu dem ein solcher Bau eigentlich gar nicht auffordert, weil er sich bescheiden ein- und manchmal sogar unterordnen will. Auch diesen ganz besonders guten Durchschnitt, der sich in den Details fast selbst übertrifft, verantwortet gelegentlich ein Drausmacher. Sein nicht geringes Verdienst ist dann, das Niveau des Durchschnitts deutlich angehoben zu haben.

Unterscheiden wir also. Unter den Drausmachern gibt es solche und solche. Unser Respekt gilt selbstverständlich denen, die manchmal – wenn denn keine größeren Widerstände zu überwinden sind – aus einer Bauaufgabe etwas Anständiges machen, und sei's am Ende nur ein praktischer Verschlag unter der Treppe. Beim anderen, wirklich ärgerlichen Typ des Drausmachers muß man scharf aufpassen, ihn nicht aus den Augen zu verlieren. Er fällt nämlich kaum auf, weil er mit passablem wirtschaftlichen Erfolg jenen schier unendlich großen Markt bedient, auf dem Erfindungsreichtum und gestalterisches Vermögen gar nicht gefragt sind. Sein Ehrgeiz zielt nicht aufs Schöpferische, sondern aufs Materielle, sozusagen das Abschöpferische. In den Augen seiner Auftraggeber besteht sein Talent genau darin, aus einer Bauaufgabe niemals mehr machen zu wollen als ein gerade eben taugliches Produkt zum niedrigsten Preis. Ihnen ist er deshalb ein Gleichgesinnter. Und die Architekturkritik geht über ihn hinweg, weil sich an seiner bodenlosen Durchschnittlichkeit scheinbar jeder kritische Impuls totläuft.

Der Drausmacher kennt seine Grenzen. Er hat sich recht gemütlich in ihnen eingerichtet. Sein Revier ist der Ort, in dem er lebt und arbeitet, und die Landkreise drumherum. Er kennt eine Reihe mittelständischer Unternehmer und einige Politiker von Einfluß. Er steht sich gut mit den Behörden, hat Kontakte zu gemeinnützigen Körperschaften und kleineren Stiftungen. Mit dem Direktor einer genossenschaftlichen Sparkasse und dem Filialleiter einer Großbank spielt er Tennis. Beide wissen recht gut Bescheid über die regionale Wirtschaft und das eine oder andere Investitionsvorhaben. Nein, es sind natürlich keine richtigen Indiskretionen, von denen er profitiert – aber manchmal klingt im harmlosen Gespräch bei einem kühlen *sundowner* nach dem Herren-Einzel einiges durch, was sich später bei der Akquisition als nützlich erweist.

An Architekturwettbewerben nimmt der Drausmacher kaum noch teil. Er weiß, daß die Gewinner von Wettbewerben auf diesem dornigen Weg nur zu etwa drei Prozent am jährlichen Bauvolumen in Deutschland beteiligt sind. Geradezu lächerlich! Nur zehn bis fünfzehn Prozent der freischaffenden Architekten sind so leichtsinnig, sich um dieses – wirtschaftlich gesehen – armselige Marktsegment zu raufen.

Und außerdem: Was ist mit den Teilnehmern, die weder Preise noch Ankäufe mit nach Hause nehmen durften? Aus einem verlorenen Wettbewerb läßt sich nun mal gar nichts machen, das weiß der Drausmacher am besten; aus einem gewonnenen nicht selten auch nichts. Und das bißchen Ehre, was dabei vielleicht abfällt, bringt ihm bei seiner eher provinziellen Klientel wenig ein. Denn der Drausmacher wird im Regelfall als ein Konfektionär der Architektur engagiert. Deshalb kann er auf Dauer in seinem Revier nur erfolgreich sein, wenn er auch als Konfektionär arbeitet.

Das enthebt ihn allerdings ganz und gar nicht der Notwendigkeit, mit der Zeit zu gehen. Auch die Konfektion folgt den Moden, sie entbehrt nur der kostspieligen Raffinesse der Haute Coûture und verzichtet auf das provokative Moment des jeweils Allerneuesten. Deshalb kann der Drausmacher auch manchen Fehlentwicklungen oder formalen und technischen Kinderkrankheiten eines halbwegs neuen Trends aus dem Wege gehen, über deren Prophylaxe sich die einschlägigen Fachjournale schon ausgelassen haben. Der Drang und der Zwang zum Gemäßigten ermöglichen ihm, bei manchen seiner Projekte mit einem Minimum an eigenen originellen Ideen ein Maximum an architektonischer Gediegenheit zu erreichen.

Man muß es ihnen schon lassen: In den Händen der flexiblen Drausmacher, deren Einfälle fast immer irgendwie *second hand* sind, werden die Avantgarden der Architektur nach gewissen Fermentationen, durch Gärung und etwas gestalterische Verwässerung gewissermaßen »anschlußfähig« gemacht: sie werden untereinander irgendwie kompatibel, so spröde sie sich auch im Prinzip gegeneinander verhalten mögen. Indem der Drausmacher vorzugsweise An-, Um- und Ergänzungsbauten erledigt, sorgt er buchstäblich für Übergänge – mehr oder minder gelungene. Seine vermittelnde

Arbeit ist der Härtetest eines Stils oder eines Modetrends: denn wo grob gehobelt wird, fallen dicke Späne.

Wenn den Drausmachern das anschlußfähige Design partout nicht gelingen will, ziehen sie sich als schweigende Mehrheit instinktsicher auf Bewährtes zurück und schaffen so die kulturelle Basis für stilistische Revivals; heute zum Beispiel die Wiederkehr dessen, was wir Moderne nennen. Wann hat sich die Postmoderne erledigt? Richtig – als man in der Provinz mit der Inflation der dreieckigen Glaserker nicht mehr zurecht kam und die Fassaden lieber wieder glattbügelte. Und warum kann aus dem Dekonstruktivismus kein Trend werden? Ganz einfach, weil er den Drausmachern zuviel Tüftelei abverlangt. Sie sind überfordert; nicht unbedingt technisch, sondern in formaler Hinsicht, als Entwerfer.

Vielleicht schon deswegen, weil es mit der beruflichen Weiterbildung der Drausmacher nicht eben zum besten steht. Das hervorragende Training der Grauen Zellen durch Wettbewerbe fällt, wie schon erwähnt, praktisch aus. Und da der Drausmacher in seinem relativ kleinen Büro nahezu unabkömmlich ist, gönnt er sich wie die ganz überwiegende Mehrheit seiner Kollegen nur höchst selten eine Fortbildung in der Landeshauptstadt; sie ist halt, wie der letzte Landwirt im Ort sagt, schon sehr abgelegen.

Abseitig ist für den Drausmacher auch das penetrierende Nachgrübeln über die Zukunft seines Berufsstandes. Solange das Geschäft läuft – und das tut es immer noch einigermaßen –, fällt ihm zu den Themen: europaweite Konkurrenz, Generalunter- und -übernehmer, Qualitätsmanagement und Büroorganisation – nichts ein. Er glaubt nicht im Ernst, daß ihm ein spanischer Bauingenieur irgendwann einen Auftrag draußen im Gewerbegebiet wegschnappen könnte. Schließlich denkt auch er seinerseits nicht daran, in Cordoba oder in Clermont-Ferrand zu akquirieren. Und die gewerblichen Anbieter? Nun, da wird man im einzelnen Fall eben fixer sein müssen als die Konkurrenz. Schließlich mußte der Drausmacher ja auch bisher auf dem Quivive sein, er ist ja nicht der einzige Architekt in der Gegend . . .

Über seine Freiheit und Unabhängigkeit hat sich der Drausmacher ohnehin keine großen Illusionen gemacht – und auch die kleinen nicht lange. Er erinnert sich durchaus an die Zeiten, als sein professioneller Ehrgeiz noch voll entwickelt war. Damals hat er weniger verdient als heute, das könnte er nachweisen. Aus den Wettbewerben, an denen er teilnahm, ist nichts geworden, wohl aber aus seiner Teilnahme an gewissen Honoratioren-Konventikeln. Der Drausmacher glaubt unerschütterlich an das Funktionieren informeller Netzwerke: Sie sind Teil seiner Biographie, und er ist ein Teil von ihnen. Daß er irgendwann einmal durch die Maschen rutschen könnte, wenn das Netzwerk eine Etage höhergezogen wird – daran will er lieber nicht denken.

Schließlich kann er was, der Drausmacher. Sein Talent wird um so mehr nachgefragt, je entschlossener die Gesellschaft die Frage nach den kulturellen Standards des Planens und Bauens »pragmatisch« beantwortet: das heißt den Blick fest auf den real existierenden Immobilienmarkt richtet.

Architektur ist ein Massenmedium, als bloße Ware betrachtet allerdings ein eher drittklassiges. Also, sagt der Drausmacher, gehorcht sie auch den Gesetzen der Serien, wie wir sie täglich in der Glotze serviert bekommen. Der Bergdoktor richtet sich eine neue Praxis ein, die Schwarzwaldklinik braucht einen Erweiterungsbau, und die Drombuschs haben eben einen neuen Bausparvertrag abgeschlossen.

Hohelied: der Buchmacher

Paul Flora:
Sieben Autoren

In seinem hübschen Bestseller »Foucaults Pendel« hat Umberto Eco uns, die geneigten Leser, mit Signor Garamond bekannt gemacht, einem erfolgreichen Verleger aus dem Bereich der sogenannten »Vanity Press«. Signor Garamond fertigt Bücher gewinnbringend und ohne jegliches verlegerische Risiko. Die verkannten Urheber unerhörter Werke kommen zu ihm, Signor Garamond wirft einen Blick auf beide und sagt begeistert, er spüre ganz stark »eine Idee, einen Rhythmus, eine Kraft«. Dann nimmt er einen schönen Scheck entgegen, und bald darauf haben die Selbstzahler ein schönes Buch in der Hand, das der Markt allerdings hartnäckig verschmäht.

Wer sich in den Prospekten der Fachbuchverlage umschaut, die zunächst einmal niemand zur »Vanity Press« zählen würde, stößt in der Abteilung »Architektur« auf zahlreiche Titel, die durchaus nicht unbekannte, aber deswegen noch lange nicht rasend wichtige Büroadressen sowie den lakonischen Untertitel »Bauten & Projekte« tragen. Dem satten Umfang und dem beeindruckenden Format entspricht ein stolzer Ladenpreis. Und da bekannt ist, wie schleppend sich selbst Architekturbücher über die Weltstars der Branche verkaufen, kommt man schnell ins Grübeln: Handelt es sich bei Mayer, Müller + Partner nun um neue Kometen am internationalen Architektenhimmel, die wir im Gegensatz zum Verlagslektor bisher irgendwie unterschätzt haben? Oder haben diese Architekten – immerhin ein überdurchschnittlich erfolgreiches Team – hier mit gediegenen »Druckkostenzuschüssen« etwas nachgeholfen?

»Seit Jahren bekniet uns dieser Verlag mit dem Publikationsprojekt, jetzt hatten wir endlich mal ein bißchen Zeit, die ganzen Unterlagen zusammenzusuchen und zu ordnen«, erzählt der Seniorpartner des Architektenbüros. Sein sanftes Erröten will mitteilen, daß er diesen ganzen Rummel um seine Person – denn natürlich geht es in erster Linie um seine Person – im Grunde gar nicht schätzt. Der leicht schmerzliche Zug um den Mund soll hingegen verbergen, daß er und seine Partner sich durchaus nicht sicher sind, ob die mehreren zehntausend Mark, die der Band »Bauten und Projekte« das Büro kosten wird, am Ende auch gut angelegt sind. Spricht nicht der Erfolg des Teams für sich selbst? Und enthält dieser deutsch-englische Œuvrekatalog nicht auch allzu viele Bauten, um deren Schwächen auch die Urheber wissen und bei denen man schon damals gerne manches besser gemacht hätte?

Ohne allzu große Verwirrung zu stiften, könnte man jene Gruppe der Architekten, von denen hier die Rede ist, die Buchmacher nennen. Ihre Werkverzeichnisse – publiziert bei durchaus renommierten Verlagsadressen, wenn auch nicht ohne die erwähnte diskrete Nachhilfe – stehen für einige erhabene Augenblicke im Sortimentsbuchhandel neben den eher freiwillig verlegten Monographien von (T.) **A**ndo bis **Z**aha (H.). Bald jedoch sind sie aus den Regalen verschwunden und durch neue Werke dieser Art ersetzt.

Die Buchmacher sind als Architekten ziemlich gut, aber selten brillant. Ihre Werkverzeichnisse sind bei weitem die dicksten. Sie sind Routiniers, aber dennoch im richtigen

Augenblick originell genug, um positiv aufzufallen. Außerdem fallen sie kaum je unter ihr Niveau. Sie haben das Management im Büro und auf der Baustelle gut im Griff, weil die großen Aufträge ihnen sonst schon längst über den Kopf gewachsen wären. Ihr Name taucht häufig genug im Zusammenhang mit Wettbewerben auf, zu denen sie solide Beiträge liefern. Einige große Verwaltungsbauten tragen ihre Handschrift, die allerdings *sooo* charakteristisch nicht ist. Dafür erzeugt sie weithin stille Zufriedenheit. Nur die Redakteure anspruchsvoller Architekturzeitschriften mögen sie nicht besonders, weil Schmitt, Schulze & Schmidt weder zur hoffnungsvollen jungen Avantgarde noch zu den wenigen wirklich Erwählten im zeitgenössischen Architekten-Pantheon gehören. Ihre Arbeit ist nicht theoretisch verbrämt oder besonders kantig, aber auch nicht so stromlinienförmig, daß sie im Mainstream des Banalen unterginge.

Journalistisch gesehen ist das natürlich eine verschenkte Chance. Dabei könnten Schmitt, Schulze & Schmidt – erfolgreich, wie sie nun mal sind – gelegentlich durchaus einen Seitensprung ins Experimentelle riskieren. Sagen jedenfalls die Redakteure der Fachpresse. Genauer: Sie deuten das an, in bisweilen hämischen kleinen Glossen, für die Floskeln wie »auch diesmal wieder . . .« charakteristisch sind.

Die bauenden Buchmacher, die gehobenen Routiniers – sie fühlen sich von der Kritik ungerecht behandelt. Damit haben sie unbedingt recht. Denn sie bestreiten die Grabenkämpfe des Architekturalltags. Sie stehen dort aufrecht, wo um jeden Millimeter Qualität zäh gerungen werden muß – wenn einem denn an Qualität gelegen ist. Sie sind es, die auf die gesichtslosen Baukommissionen großer Konzerne stundenlang einreden wie auf kranke Gäule – am Ende oft mit Erfolg, so manches Mal allerdings vergeblich. Was sie dann an respektablen Detaillösungen herausschinden, wird von der Kritik später kaum wahrgenommen oder aufgerechnet gegen anderes, rettungslos Verkorkstes. Jenes allerdings bleibt anscheinend immer unverzeihlich – es wird umgekehrt niemals einzeln abgewogen gegen das Gelungene.

Der gehobene Routinier genießt keine architektonische Narrenfreiheit, auch dann nicht, wenn er schon seinen fünften Band »Bauten & Projekte« im Großformat veröffentlicht hat. Wo Narrenfreiheit angesagt ist – sprich: wo es um die absolute Unverwechselbarkeit bedeutender Kultur- und Staatsbauten geht –, kommen mit ziemlicher Sicherheit kalifornische Bastler, französische Schaltträger, britische Tüftler, österreichische Strizzis oder italienische Designer zum Zuge. Deren weltweit bekannte Talente haben sich im Prinzip auch die jungen Kräfte schon zu eigen gemacht, die unser emsiger Buchmacher immer wieder in sein großes Büro hereinholt und denen er durchaus auch den nötigen Auslauf lassen will. Aber sein routiniertes, realistisches Denken hält ihn und das Team gefangen. Der Buchmacher schickt seine unverbrauchten Revoluzzer öfter im falschen Moment ins Gefecht. Er zieht manchmal die Leine straff, wenn die Gedanken zum freien Flug ansetzen sollten, und läßt locker, wenn eine Assekuranz nur nach einem neuen unterirdischen Rechenzentrum verlangt.

Des Buchmachers Gespür für das Richtige – im Normalfall sehr verläßlich – versagt, wo Repräsentation (die er beherrscht) ins Symbolische (das ihm fremd ist) überhöht werden soll. Verlangen exponierte Bauherren aus dem öffentlichen oder institutionellen Sektor nach etwas Besonderem, bietet er oft bloß noble Klischees, vorgetragen vielleicht mit einer saloppen »Brechung«, die auch sein persönliches Stilmerkmal sein kann.

Verbinden sich aber handfeste kommerzielle Interessen mit einem gewissen repräsentativen Anspruch, der seitens der Bauherrschaft als »gesellschaftliche Verantwortung gegenüber unserer Stadt« deklariert werden kann, läuft der Buchmacher zur Hochform auf. Seine umsatzstarken Passagen und Bahnhofsumbauten, die einerseits bodenständigen, andererseits kristallinen Büropaläste mit integriertem öffentlichem Raum, seine pfiffigen Konzepte zur rentablen Umnutzung attraktiver Altbaubestände und schließlich die städtebaulich soliden Schul- und Verwaltungszentren in den Randlagen der Städte summieren sich zu einer Arbeitsbilanz, die sich sehen lassen kann.

Der Buchmacher macht nicht nur Werkkataloge, ohne von einem Verleger aus dessen innerster Überzeugung gebeten worden zu sein – er hat auch unschätzbare Verdienste als Animateur der Investoren. Eine häßliche Stadtbrache beleidigt sein Auge, eine verlassene Etagenfabrik aus dem späten neunzehnten Jahrhundert weckt sein Mitleid. Bevor jene in die Hände verantwortungsloser Immobilienhaie geraten können, hat er schon zu den edleren Raubrittern der Branche Kontakte geknüpft, Komplizen im Baudezernat gewonnen und Gutachten angefertigt. Das stärkt nebenbei auch seine Position gegenüber den potentiellen Bauherren – denn schließlich hat er sie ausgesucht und nicht umgekehrt sie ihn.

Als Architekt setzt der Buchmacher in unseren Städten qualitative Maßstäbe: durchaus im positiven Sinn. Die Struktur seines Büros und vor allem die unterschiedlichen Talente der Partner machen es möglich, Flexibilität und Haltung gleichzeitig zu demonstrieren – ein einträgliches Kunststück, das den Künstler-Architekten, diesen Solitärgestalten der Baukunst, verwehrt ist.

Vieles, was der Buchmacher baut, könnte einen Tick genialer sein, stringenter, konsequenter. Aber gerade dieser Umstand, der auch dem interessierten Laien noch auffallen kann, hält seinen eigenen Ehrgeiz wach und stachelt den anderer Kollegen an. Alles, was der Buchmacher entwirft, würde den meisten anderen Architekten sehr viel schlechter gelingen oder gar nicht: Ursache seiner Eitelkeit, die leicht verletzbar ist. Denn dem Buchmacher will nicht in den Kopf, daß sein Erfolg nicht mit »Avantgarde« identifiziert wird. Aber diese wäre doch nichts, könnte sie sich nicht an Œuvres wie dem seinen wetzen. Chapeau!

Nowhere Man: der Kritiker

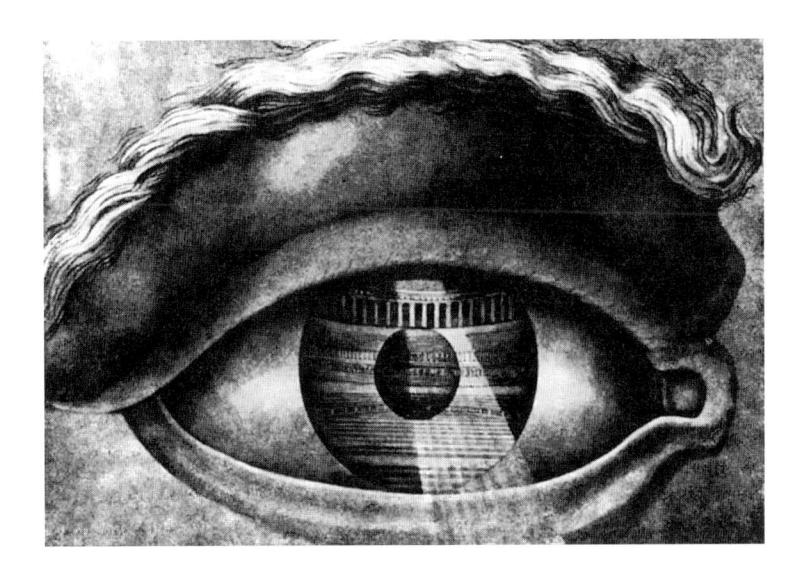

Architekten fühlen sich einsam. Sie wollen gebraucht werden, vor allem aber geliebt. Es ist deshalb ein ehernes Gesetz der Architektenschaft, offizielle Zusammenkünfte mit Ansprachen garnieren zu lassen, in denen die jeweiligen Redner zum Ausdruck bringen, daß sie die Architekten lieben, ja, ihnen quasi hörig sind. Die meisten dieser bestellten Schmeicheleien sind billigste Konfektionsware; aber manchmal finden sich wundersame Gedankengänge in ihnen, zum Beispiel der Satz eines Ministers für Wissenschaft und Kunst: »Je bedeutsamer das Gebäude und sein Standort, je angesehener der Architekt, desto einflußreicher ist das Feuilleton.« Wer durchschaut die Logik dieser Behauptung, die so in einer Fachzeitschrift referiert wurde? Die Auflösung ist dem Autor ein Zehnerl wert.

Was wenige wissen: Auch das Feuilleton – populärer: die Kulturredaktion einer Zeitung – fühlt sich einsam. Sogenannte Copy-Tests belegen immer wieder, daß das Feuilleton im Medienkonsum nur eine geringe Rolle spielt. Es wird kaum genutzt – allenfalls von zehn, zwölf Prozent der Leserschaften und vorzugsweise von Frauen. Weil aber die Feuilletonisten es mangels Publikum längst aufgegeben haben, geliebt werden zu wollen, sind sie auf einen anderen Dreh verfallen. Sie trachten danach, gefürchtet zu sein. Doch wer fürchtet schon das Feuilleton? Angehende Maler vielleicht, blutjunge Schauspieler und Regisseure, Frischlinge aus den Musikhochschulen, im Zorn zurückblickende Autoren, die gerade mal fünfundzwanzig sind.

Jedem ernstzunehmenden Kritiker, der nach Strich und Faden gefürchtet werden will, schwant: Dem guten alten Feuilleton fehlen die passenden Gegner. Viel Feind', viel Ehr', hieß es einst. Andererseits – wo es keine Kontrahenten mit Statur gibt, winkt auch keine Reputation als Kritiker. Der künstlerische Nachwuchs in den klassischen Disziplinen ist als Objekt der Kulturkritik einfach noch nicht satisfaktionsfähig. Und an Umberto Eco, Peter Stein, Steven Spielberg, Mick Jagger oder Luciano Pavarotti ist nicht mehr zu kratzen. Wen das Feuilleton einmal hochgejubelt hat, der ist gegen dessen nachfolgenden Unmut für alle Zeiten immunisiert. Die Stars des Kulturbetriebs pfeifen darauf, ob die Kritik sie lobt oder tadelt. Sie machen Geschäfte . . .

Wenn also das Feuilleton zum Fürchten sein will, muß es hinein ins richtige Leben, in den Sumpf des Alltags. Hier leben Menschen wie du und ich, es herrscht ungefähr Waffengleichheit. Das Alltäglichste, was es dort gibt, ist die Architektur. Sie ist einfach da, wohin man auch sieht, buchstäblich Überwie Unterbau des zivilisierten Lebens. Und niemand ist so schön schreckhaft wie Architekten, die immerzu gemocht und geherzt werden wollen und auf jeden Liebesentzug mit geschliffenen Schmähbriefen reagieren. Letztere widerlegen übrigens das Vorurteil, Architekten seien keine Schreibtalente. Sie sind es allemal, wenn sie siedendes Herzblut als Tinte gebrauchen.

Doch, doch, als Architekturkritiker kommt der Feuilletonist – »recht eigentlich«, wie Adorno sagen würde – zu sich selbst.

Im Schreiben über Häuser und Städte zeigt er, daß er einen Blick fürs Wesentliche hat. Wenn er um neue Wolkenkratzer, Postämter, Museen und Wohnsiedlungen herumschleicht und Zensuren erteilt, kann er sich zureden, er verbreite zumindest bis zum Erscheinen des Artikels unter wichtigen Leuten Angst und Schrecken. Es sind schließlich Erfolgsmenschen und keine Anfänger, die Bürotürme und Wohnsiedlungen bauen.

Weil aber Architekten selbst als anerkannte Stars permanent in die Niederungen der angewandten Kunst hinabsteigen müssen, können sie sich niemals so souverän über die Beckmesserei der Kritik hinwegsetzen wie die Pavarottis dieser Welt, die ihrem Publikum nur flüchtige Galavorstellungen bieten. Der Architekt baut für eine kleine Ewigkeit, das macht ihn stolz und nervös zugleich. Der Feuilletonist schreibt für den Tag und nur dann über diesen hinaus, wenn er Dinge rezensiert, die einigermaßen haltbar sind. Die sogenannte Ereigniskultur geht ihm eigentlich auf den Keks: Er weiß, daß selbst brillanter Terminjournalismus an ihrem perfekten Marketing abprallen muß.

Natürlich prallt auch der Architekturkritiker mit seiner nach Kräften begründeten Zustimmung und seinen Einwänden an der Architektur ab. Sie steht schon da, ganz ungerührt. So wirkt der Wörterkampf für oder gegen sie oft lächerlich und weit absurder als Don Quixotes Attacke gegen die Riesen, die eigentlich Windmühlen waren. Nur in seltenen Fällen – etwa bei großen Architektenwettbewerben – läßt sich die Kritik ausführlicher über einen Entwurf aus, der noch nicht realisiert ist. Das halten die Publikumsmedien – bessere Tages- und Wochenzeitungen, Wohnmagazine und in höchst bescheidenem Rahmen die Hörfunk- und Fernsehanstalten – nicht anders als die Fachorgane der Architekten.

Wie einflußreich ist die Architekturkritik? Wie mächtig ist die Presse, sind die Medien überhaupt? Gibt es eine öffentliche Meinung im Bereich Stadtentwicklung, auf dem weiten Feld des Planens und Bauens? Illusionen sind fehl am Platz. Ein Architekturkritiker ist schon ziemlich erfolgreich, wenn er eine Öffentlichkeit, die ein wenig über die Fachwelt hinausreicht, auf ein handfestes und dennoch überschaubares Problem aufmerksam machen kann. Wenn er sein Publikum animiert, mit offenen Augen durch die Straßen der Städte zu gehen und sich selbst eine Meinung über das Gesehene zu bilden. Wenn es ihm gelingt, für ein gelungenes Haus, das vielleicht sehr unauffällig oder sehr irritierend erscheint, Sympathie zu wecken. Wenn er Zweifel an der Schutzbehauptung der Politiker zu wecken vermag, Stadtentwicklung sei zu kompliziert für den öffentlichen Diskurs.

Architekturkritik lebt von seriösen Argumenten, die gut aufbereitet sind, und einer Prise Polemik. Der Einfluß des Feuilletons kann nicht, wie jener Kunstminister glaubte, an der Zentralität eines Orts oder dem Namen eines Architekten gemessen werden – er hängt viel eher vom Renommee des Mediums ab, in dem jenes sich mitteilt. Die Architekturkritik der großen Zeitungen und der Fachblätter ist glaubwürdig wegen ihrer Stetigkeit. Aber ihr entgeht zu vieles – vor allem das Schäbige, das formlose und doch prägende Füllmaterial der Städte. Weil sie für die Machenschaften lokaler Filzokratien kein Gespür und kein Organ hat, muß sie sich immer wieder Oberflächlichkeit vorhalten lassen. Ein triftiger Vorwurf, aber an die falsche Adresse: Der überregionalen Kritik fehlt vorderhand das lokale Pendant. Dieses hätte Hintergründe aufzudecken, die dem angereisten Kritiker aus Hamburg, Frankfurt, Berlin oder München verborgen bleiben müssen.

Wenn architektonische und stadtplanerische Entwürfe auch mit dem Instrumentarium des Enthüllungsjournalismus seziert würden, könnte die Kritik vielleicht ein bißchen spannender und einflußreicher sein. Aber der Architekturkritiker hat zu wenig Zeit für Personen und ihre Interessen. Er bohrt dicke Bretter vorzugsweise dort, wo keine sind – etwa im diffusen Raum des Ästhetischen. Der Architekturkritiker ähnelt dem Nowhere Man, dem die Beatles eins ihrer feinsten Stückchen widmeten und der im Trickfilm »Yellow Submarine« kuriose Gestalt gewann. Er philosophiert über Proportionen, wenn über diskrete Absprachen zwischen einer Kommunalverwaltung und einem Investor zu berichten wäre. Er findet Metaphern statt der Dossiers, in denen steht, was wirklich ablief. Er lobt die Geschicklichkeit, mit der der Architekt die Fassaden gliederte, und erfährt doch nichts von dessen verlorenem Kampf um grundsätzlichere Qualitäten: Denn der Auftraggeber hat Anspruch auf Vertraulichkeit.

Der Kritiker ist fast ausschließlich angewiesen auf das, was er sieht und was ihm Bauherren und Architekten freiwillig erzählen. Die Ökonomie des Bauens und der Immobilienwirtschaft bleibt ihm fremd in den jeweils spezifischen Details; und dem Fachchinesisch technischer Spezialisten ist er so ausgeliefert wie der Architekt selbst es war. Würde er tatsächlich die komplizierten Rahmenbedingungen alle kennen und verstehen, die bei dem Objekt seiner Neugier letztlich formbestimmend waren – er könnte doch das ganze Geflecht kaum in einem einzigen Artikel einleuchtend entwirren. Die handfesten Informationen, Raumprogramme, das baurechtliche Kleinklein: journalistische Trockenmasse. Das städtebauliche Umfeld, Lokalhistorie, Atmosphärisches: nur in Bruchstücken zu vermitteln. Planungsalternativen: Was ganze Arbeitsstäbe monatelang austüfteln müßten, kann der Kritiker nicht mal eben so aus dem Ärmel zaubern.

Architekturkritik hat einen schweren Stand in den Medien, weil Aufwand und Ertrag nicht nur aus der Perspektive des Verlegers in einem problematischen Verhältnis zueinander stehen. Sowohl die Kritiker selbst als auch die Kritiker der Kritiker sitzen einem Wahn der Ganzheitlichkeit auf: Nichts darf übersehen werden, alles ist potentiell von grundsätzlicher Bedeutung und hängt mit allem anderen zusammen. Die Soziologie bestimmt vielleicht die Position des Klos mit, der Kapitalismus determiniert unter Umständen das Design der Flugdächer, der herrschende kulturelle Standard schreit eigentlich nach symbolischen Formelementen im Eingangsbereich, die Fassade nach Transparenz aus gesellschaftspolitischen Gründen. Das ganze *building muß intelligent* sein, *far more intelligent* als der Architekt und der Kritiker zusammen: so kann es sich vielleicht Kritik vom Leibe halten.

Als eitler Grünschnabel war der Kritiker einst auf das Selbst- und Wunschbild der Architekten hereingefallen, die er hinfort liebevoll zu kritisieren gedachte. Daß Architektur und Städtebau hochkomplexe Disziplinen seien, wollte ihm einleuchten, daß Architekten sich deshalb als titanische Alleskönner darstellten, auch. Wenn da nur irgend etwas dran wäre, so sein Kalkül, stünde der Kritiker am Ende nicht viel schlechter da – als universell gebildeter Autor, in perfekter Symbiose mit dem universell befähigten Baumeister. Im Nachtschlaf erschien ihm Humboldt, der gerade Schinkels Bauakademie rezensierte.

Die Realität macht aus so einem Traum-Szenario ein Niemandsland zwischen allen Disziplinen: durchzogen von wissenschaftlichen Trampelpfaden, dennoch unwegsam, vollgestellt mit Wegweisern nach Nirgendwo. Morgens, wenn der Architekturkritiker sich an den Schreibtisch setzt, fühlt er sich als zaudernder Ästhet. Nach zwei Tassen Kaffee als miserabler Ingenieur. Einen Glimmstengel später als windiger Soziologe, dann als hochstapelnder Anthropologe. Mittags fühlt er sich nicht mehr nur so – er *ist* es. Um sich wieder einzukriegen, kauft er schnell ein schlaues Buch: Worüber ist einerlei, denn schließlich hat Architektur mit allem zu tun.

Inmitten von gesellschaftlichen, wirtschaftlichen und kulturellen Zuständen, die der daraus resultierenden schlechten Architektur wegen alle in Grund und Boden zu kritisieren wären, entwickelt der Architekturkritiker schließlich im Nowhere Land abstrakter Zwangsverhältnisse einen irrsinnigen Hunger nach Bildern, nach Konkretion. Ihm fällt plötzlich ein: Nichts ist handfester als ein Haus. Wie es auf ihn wirkt, hängt wesentlich von dem ab, was er sieht und fühlt. Er umkreist das Gebäude, tritt ein, schaut sich um, verharrt, geht weiter. Er berührt die Details und achtet aufs Ganze. Er spaziert durch das Quartier. Er spricht mit An- und Bewohnern, mit den Nutzern der Architektur und der Stadt. Das Haus hat Qualitäten. Das Haus hat Fehler. Es steht da und so schnell nicht mehr zur Disposition. Es appelliert an die Sinne (in Worten: fünf) – und der analytische Reflex, der die systemkritische Gebetsmühle in Gang setzt, folgt erst später.

Daß gute Architektur immer das Verdienst des Architekten sei, schlechte dagegen meist den widrigen Verhältnissen geschuldet, ging dem Kritiker irgendwann nicht mehr in den Kopf. Er erinnerte sich der uralten Volksweisheit, daß es überall »solche und solche« gebe. Er fand heraus: Gute Architekten bauen meistens gute Häuser; und die weniger guten gehen mit Hilfe ihrer Auftraggeber gern noch unter ihr eigenes Niveau. Beides kann der Rede wert sein. Aber weder das eine noch das andere bedarf besonders umschweifiger Begründungen, um einzuleuchten.

Für den heimlichen Wunsch des Architekturkritikers, wenigstens ein ganz klein bißchen gefürchtet zu werden, ist in dieser schlichten Dialektik natürlich kein Platz. Zum echten

Szene-Schreck könnte jener allenfalls in der Rolle des Klatschreporters taugen, der auf Architektentagen, DAM-Vernissagen, am Rande von Wettbewerbsjurys oder auf den Fluren der Bundesbaudirektion die neuesten Döntjes einsammelt. Machen wir uns nichts vor: Zu wahrem Einfluß könnte das architekturkritische Feuilleton (das dem drolligen Kunstminister wegen seiner »Ideologieanfälligkeit« nicht geheuer ist) nur durch eine Politik der Indiskretionen kommen.

Auch die amerikanische Schriftstellerin Ayn Rand hat das gewußt. In ihrem Bestseller *Fountainhead – Der ewige Quell* läßt sie freundlicherweise gleich zwei Architekturkritiker als Hauptfiguren auftreten. Der eine ist ein machthungriger Schurke, irgendwie kommunistisch angehaucht; die andere eine neurotische Schöne, die gern mit dem Helden des Buches – eine Klischeegestalt frei nach Frank Lloyd Wright – ins Bett geht, nur um ihn dann gemeinsam mit dem fiesen Kollegen in einem Boulevardblatt (!!) in die Pfanne zu hauen. Beide Kritiker tun aber ihre Hauptarbeit nicht in der Redaktion, sondern in den Salons der Metropole – als eine Art Personalberater für baulustige Tycoons.

Das wäre ein Leben! Der Architekturkritiker klappt den hanebüchen konstruierten Schmöker zu und schaut verträumt über sein Nowhere Land. Er wird einen Roman schreiben, in dem der Kritiker der Held ist und nicht der Architekt. Frei nach einem Motiv aus Saint-Exupérys »Kleiner Prinz«: Sitzt ein Kritiker in der Einöde. Da taucht am Horizont ein einsamer Architekt auf. Er kommt näher. »Bitte . . . fürchte mich«, sagt der Architekturkritiker.

Gummibären: die Theoretiker

Architekten seien keine Philosophen, schrieb der Gestaltungspapst Otl Aicher 1989 in einer Lobrede auf seinen Freund, den englischen Architekten Norman Foster. Der Text trug die Überschrift »Architektur und Erkenntnistheorie«. In ruppiger Diktion und heilloser Kleinschreibung fuhr er fort: »architektur und philosophie berühren sich kaum. scheinbar. architektur war eine niederung, zu der die philosophie selten herabstieg.« Viel zu leibfeindlich sei sie immer gewesen, bemängelte Aicher, und deshalb sei es auch mit ihren Erkenntnistheorien nicht besonders weit her. »wenn die philosophie sich weiter mit der frage beschäftigen will, wie kommt erkenntnis zustande, muß sie sich dem machen zuwenden . . .«

Otl Aicher hätte dieses Machen vielleicht besser groß geschrieben, so, wie man früher den HErrn mit Versalien ehrte. Denn nach Aichers Logik sollten die Architekten als notorische MAcher eigentlich zu den besten Erkenntnistheoretikern gehören, immer schon und überall. Was aber ist Theorie, gar Erkenntnistheorie, dazu noch im Zusammenhang mit dem Bauen? Es müßte sich doch wohl um eine Methode der tragfähigen Konstruktion von Wahrheiten oder wenigstens Übereinkünften handeln – eine heikle Sache. Das eigenbrötlerische Naturell der Architekten sperrt sich gegen solche verbindlichen Gewißheiten. Was weder Religionsstifter noch Philosophen auf ihren ureigenen Feldern überzeugend hingekriegt haben, ging erst recht den Baumeistern immer wieder zu Bruch: Ihre »Theorie« ist im strengeren Sinn allenfalls Hilfskonstruktion, von Fall zu Fall neu zusammengenagelt. Das wußte auch Sir Norman Foster. Als er sich am Architektenwettbewerb für den Berliner Reichs- und Bundestag beteiligte, bemühte er sich (via Otl Aicher) um einen richtigen deutschen Philosophieprofessor, der ihm bei der Abfassung des Erläuterungsberichts helfen mußte. Mit Erfolg – Foster machte bekanntlich das Rennen, wenn auch heute, nach den Diskussionen um die Kuppel, keiner mehr so genau weiß, warum.

Otl Aichers pragmatische Erkenntnisphilosophie war reines Marketing. Sie reichte nur bis zu den Zwecken des Machens, klang aber nach viel mehr – nämlich nach hohen Zielen. Schon seine »Kritik am Auto« war nur das Lob eines gut gestalteten italienischen Kleinwagens. Über so viel Chuzpe wie der mittlerweile verstorbene Designer verfügen die Architekten allerdings nicht. Sie rufen immer mal wieder nach etwas anspruchsvolleren Leitbildern und -bildnern, um wenigstens ehrenvoll an ihnen scheitern zu können. Deshalb sind die »Erkenntnistheorien« der Architekten nach wie vor nicht selbstgebastelt, sondern Mischprodukte. Sie stammen weitgehend von Liebhabern der Architektur, die ihr – unter der Perspektive des Machens – eher ferne stehen. Mancher Kunst- und Bauhistoriker ist natürlich darunter; der eine oder andere ausgebildete Architekt, der aber keinen Geschmack am Selberbauen fand; hie und da ein Philosoph oder ein verweltlichter Theologe; vereinzelt ein Literaturwissenschaftler; dazu Sozio- und Semiologen, in den siebziger Jahren außerdem eine Reihe von Systemforschern und Planungstheoretikern.

Sie alle teilten und teilen sich in wechselnden Konstellationen die Aufgabe, über Architektur als Kulturleistung nachzudenken und sie als solche zu vermitteln – in großen Zügen und gleichsam »an sich«. Ihre Medien sind Publikationen, Ausstellungen und Symposien, Akademien, Hochschulen, wenige Museen und Galerien. Die Vermittler, von denen hier die Rede ist, arbeiten am liebsten an der Selbstvergewisserung der Disziplin. Und weil diese permanent auf dem Spiel zu stehen scheint – wann hätte man der Architektur nicht bescheinigt, in einer Krise zu stecken? – wird erstere konsequent als Spiel betrieben. Weniger gern arbeiten die Theoretiker an der populären Vermittlung der Architektur und an ihrer (Re-) Politisierung: Das wäre der Ernstfall.

Die Köpfe aus der Leitbildstelle bedienen innere Zirkel mit Gedanken, Theorien, Trends und Ausstellungen, die nicht immer anspruchsvoll sind, deren Themen aber immer anspruchsvoll klingen wollen. Als ihr Publikum sehen sie vor allem die Fachwelt an, die *Scientific community,* einschlägig interessierte Studenten, auch die aussterbende Spezies der intellektuellen Großstadtflaneure sowie jene qualifizierten Minderheiten unter den Nicht-Fachleuten, die klug genug sind, ihre Wohnverhältnisse, Arbeitsplätze und Lebensstile mit der Qualität der gebauten und verplanten Umwelt in Beziehung zu setzen.

Der Stoff, mit dem die Theoretiker arbeiten, sind Begriffe, über die man streiten kann und die sich im Idealfall attraktiv illustrieren lassen (denn Architekturtheoretiker heben ihre Reputation als Ausstellungsmacher merklich). Manche dieser Begriffe klingen geläufig, manche bizarr. Es geht etwa um: Moderne, Postmoderne, *Sprawl, Spread City* oder *Slurb,* Textur, Tektonik, Labyrinth, Metarchie, *Grid,* Dekonstruktion. Über Metarchie (ein wirklich schönes dunkles Wort von Claus Baldus) ist noch nie gestritten worden, leider. Dafür war die Debatte des Jahres 1995 um eine bevorstehende Zweite Moderne kritisch, bevor sie überhaupt richtig angedacht worden war; denn Otl Aicher – man kommt nicht an ihm vorbei – hatte schon 1990 erklärt, die Dritte Moderne habe bereits 1949 begonnen, nämlich mit Charles Eames' Wohnhaus aus industriellen Stahlelementen.

Und da wäre schließlich noch die Chaostheorie: Seit sie Eingang in die Volkshochschulen und in die Alltagssprache gefunden hat, achtet jedermann auf eine möglicherweise fraktale Stadtentwicklung im eigenen Kiez oder weiter draußen hinterm Biergarten.

An den Begriffen kneten und feilen die Theoretiker nach Herzenslust. Sie selbst sind so flexibel wie ihre Begriffe geduldig sein müssen. Deren geistige Ökobilanz scheint gar nicht schlecht. Weil Worte sich komplett wiederverwerten lassen, fragt kaum jemand nach semantischen Schadstoffen, die ihnen nach sorglosem Gebrauch eventuell anhaften. Geschickt gebildete oder gewählte Begriffe erfordern dagegen nur wenig Energie bei der Herstellung und Verformung, und als Begriffshülsen eignen sie sich hervorragend für vielfältige Füllmassen.

Die Theoretiker sind vorzugsweise in zwei Sphären zu Hause – in der Vergangenheit und in der Zukunft. Beide lassen sich relativ unverbindlich interpretieren und ausmalen; aber wer da mitreden will, sollte schon vom Fach sein. Die

Gegenwart hat im Vergleich nur wenig zu bieten. Sie ist wie sie eben ist, und man muß sie mit jedermann teilen. Anders gesagt – die Gegenwart ist sperrig und wenig exklusiv. Man kommt notgedrungen in ihr zurecht, auch ohne das ausgeklügelte Instrumentarium der Wissenschaften. Ein Augenblick im Präsens erfordert wohl Improvisationsvermögen – und das improvisierte Handeln vielleicht eine Moral, aber keine Theorie.

Kein Wunder, daß das die Theoretiker langweilt. Sie handeln schließlich mit sorgfältig gedrechselten Perspektiven und Projekten, gleichzeitig aber auch unter dem selbstauferlegten Zwang, ständig neue Varianten auszuarbeiten. War Mies van der Rohe ein heimlicher Klassizist? Sind Rationalisten Romantiker? Ist Hightech ein Mißverständnis? Die Theoretiker können die Vergangenheit mitsamt der bereits stattgehabten Geschichtsbeschreibung ebenso wenig auf sich beruhen lassen wie die Zukunft. Ihre Karriere hängt davon ab, Historie immer wieder auf originelle Weise zu modernisieren und die Zukunft möglichst atemraubend zu historisieren. Vorraussetzung ist dabei eine gewisse Geschmeidigkeit, nicht zuviel, nicht zuwenig. Metaphorisch betrachtet ist der Theoretiker ein elastischer Gummibär; und seine Gedanken sind am bekömmlichsten, wenn er sie *al dente* serviert. Nützlich ist in diesem Geschäft ein Passepartout mit dem beliebten Motiv »Die Zukunft hat schon begonnen, und die Vergangenheit ist noch quicklebendig«. Das taugt allemal als gedanklicher Hintergrund.

Unter Theoretikern interessiert das Geschwätz von gestern sehr viel mehr als in anderen Kreisen. Deshalb gilt es, jede Revision einer Theorie so anzulegen, daß die ältere Fassung in der neueren doppelt aufgehoben ist – einerseits behutsam relativiert, andererseits effektiv aus dem Weg geräumt. Einer, der sich dabei ziemlich verheddert hat, ist der emsige Brite Charles Jencks; dennoch schafft er es immer wieder, auch diesseits der Postmoderne im Gespräch zu bleiben.

Gegenwärtig leidet der theoretische Architekturdiskurs an seiner scheinbaren Übersichtlichkeit. Interessante Architektur ist verhältnismäßig rar, und es kommen wenige bedeutsame und in irgendeiner Hinsicht »exemplarische« Bauten dazu. Problematischer jedoch: Die Theoretiker haben die Komplexität ihrer Themen radikal reduziert – bis an die Schmerzgrenze. Fragestellungen, die systematisch Technologie, Wirtschaft, Politik, Recht, planerische Steuerungsmodelle, Stadtentwicklung und Raumordnung mit einschließen, sind seit langem aus der Mode gekommen. Sie sind unattraktiv, weil zu kompliziert. Wir haben es folglich derzeit mit allerlei Schmalspurtheorien von geringer Halbwertzeit zu tun, bei denen der Schwerpunkt auf ästhetischen Fragen liegt: Nicht umsonst haben sich manche Diskurse der letzten Jahre an delikat zu Papier gebrachten Phantasieentwürfen entzündet und festgemacht.

Die ästhetische Schlagseite der aktuellen Auseinandersetzungen macht manchen Etikettenschwindel möglich. Das vorzüglich gewählte Thema »Neue Einfachheit« etwa suggerierte zunächst, hier handele es sich wieder einmal um einen Appell zum wirtschaftlich vernünftigen Bauen. Tatsächlich ging es in jenen Debatten, die zufällig die Aufmerksamkeit der Theoretiker und der Presse fanden, um die Verklärung eines aufwendigen, detailverliebten Reduktionismus: eine Art Penthouse-Zen. Und das Reden über Selbstorganisation, Medienrevolution und den *sprawl* – die planlos zerfließende Stadt – zielte nicht nur darauf, das notorische Versagen von Planung theoretisch »einzuholen«, sondern auch die städtische Architektur aus der *conditio urbana* zu entlassen.

Wer hört eigentlich auf die Theoretiker? Daß sie in den Fachorganen gelegentlich zu Wort kommen, sagt noch nicht viel über ihren Einfluß aus. Verlage tun sich schwer mit architekturtheoretischen Schriften – Bilderbücher über schöne Häuser verkaufen sich besser. Da trifft es sich gut, daß im Medium der Architekturausstellung unterschiedlichste Interessen bedient werden können: Leser bekommen neben Gedrucktem interessante Exponate zu sehen; den Augenmenschen führt der Katalog seine Gedankenfracht in bekömmlicher Portionierung zu – Kulturgeschichte light. Und die Theoretiker können als Kuratoren ihre Ideen gleich mehrfach umsetzen – als museologische Konzepte, als theoretische Kunststücke und, wenn's gutgeht, sogar als Architekturpolitik.

Allerdings: In der Ereigniskultur des Ausstellungsbetriebes verschmelzen handfeste Baugeschichte, luftige Architekturtheorie und aufklärerisches Ethos zu »Produkten« von höchst unterschiedlichem Gebrauchswert. Hier steht das Realitätsverhältnis der Theoretiker immer wieder neu auf dem Prüfstand, nicht zuletzt auch ihr Wahrnehmungsvermögen hinsichtlich der geschichtlichen, gesellschaftlichen und räumlichen Bindungen von Architektur.

Zunächst ist festzuhalten, daß Architekturthemen meist aufbereitet werden wie Kunstausstellungen. Kostbare Originalzeichnungen sollen durch wirkungsvolle Inszenierung ihre Aura optimal entfalten. Der Kult des Delikaten geht aber auf Kosten des Verstehens: Feiert man große Architektennamen, bleibt der Geist der Epoche ohne Kontur. Konzentriert man sich auf ästhetische Blätter, verliert die Architektur ihren Ort. Thematisiert man spektakuläre Bauten in magischen Metropolen, spielt das soziale Leben der *polis* jeweils keine Rolle.

Die Rechnungen, die der Theoretiker auf diese Weise offenläßt, sind sein Verdienst von morgen – bereits das nächste Ausstellungsprogramm. Es wird wieder von ästhetischen Revisionen handeln und ein passendes, ultimatives Motto haben. Im Editorial des nächsten Katalogs wird der Spagat zwischen Baugrube und Philosophenparnaß rhetorisch noch kühner, noch bewundernswerter ausfallen. Gegenwart? Alltag? Bleiben außen vor. Wir warten immer noch auf den Theoretiker, der die Wärmeschutzverordnung zum, sagen wir: Isolationismus hochstilisiert.

Fachblattläuse: oho, aber klein

Der römische Dichter Vergil hinterließ der Nachwelt die Einsicht, daß allein der Geist es vermöge, die träge Materie in Bewegung zu setzen: *Mens agitat molem* heißt es in seiner Äneis; und wer noch auf die Reste eines Latinums oder ein Wörterbuch zurückgreifen kann, weiß, daß der Begriff moles auch wuchtige Baumassen meint – Steinwälle, Holzgebälk, Fundamente, Architektonisches eben.

Wo aber weht der Geist, der die Hardware der Architektur bewegt und diese in Fluß bringt? Natürlich – zunächst doch wohl in den einschlägigen Fachblättern, zu denen wir vor allem die Zeitschriften speziell für Architekten zählen, aber auch die bunten Magazine der Bausparkassen und die feinere Villa-und-Garten-Presse, die in gegenseitiger Ergänzung die kleinen und großen Sehnsüchte schlecht behauster Menschen bedienen. Private Bauherren qualifizieren sich gern als solche, indem sie Heft für Heft die echt unheimlich kreativen Wohnideen verinnerlichen, mit denen berühmte Designer und leutselige Filmstars ihre Landsitze und Stadthäuser ebenso repräsentativ wie gemütlich machen. Wie ambitioniert hingegen ein Architektenbüro ist, mag man an den laufenden Regalmetern erkennen, die für nationale und internationale Fachzeitschriften reserviert sind. Wir sollten jedoch darauf hinweisen, daß erst eine gewisse Unordnung in den Sammelboxen und das zwanglose Herumliegen einzelner Hefte mit Eselsohren einigermaßen sichere Anhaltspunkte dafür sind, daß die Abonnements auch wirklich substantiell genutzt werden.

(Hoch-)Glanz und Elend sind bei den Fachblättern so eng benachbart wie nirgendwo sonst in der Medienlandschaft. Sie alle werden produziert in einer eher komplizierten, mindestens dreidimensionalen Welt – aber für ein Publikum, dem man eine beinharte, schier unverrückbare Eindimensionalität unterstellt. In der Expertensprache handelt es sich dabei um sogenannte Zielgruppen. Das können Fachleute sein, die nichts anderes als Fachleute sind; Führungskräfte, die pausenlos nur führen; Entscheidungsträger, die rund um die Uhr Ja oder Nein sagen; Bausparer, die wahlweise besessen von einem Reihenhaus oder einer renovierungsbedürftigen Wasserburg sind; oder auch Lifestyle-Experten, die immer wieder zwanghaft über das passende Ambiente für ihren jeweils neuesten Teekessel aus Italien nachdenken müssen.

Zielgruppen sind allein dazu da, von der Werbung erreicht zu werden – effektiv und ohne Streuverluste. Sie sind statistische Phantome und dennoch die reale wirtschaftliche Grundlage von Fachverlagen, die mit ihren relativ auflagenschwachen Titeln mitunter ganz zufriedenstellende Anzeigenumsätze erzielen.

Die Blattmacher der Fachzeitschriften führen deshalb ein recht spezielles Dasein. Sie sollen die Scheuklappen ihrer Zielgruppe ebenso fest im Auge behalten, wie sie die Vielfalt der interessanten Dinge in der weiten Welt möglichst prompt wahrnehmen und in geeigneter Form wiedergeben müssen. Sie haben einerseits damit zu rechnen, daß die hochkarätigen Fach- und Führungskräfte, für die sie unermüdlich redigieren, schreiben und layouten, vor lauter Wichtigkeit und Arbeitsüberlastung kaum Zeit für eine auch nur oberflächliche Lektüre eben jener Fachblätter erübrigen, die ihnen gerade mal am unentbehrlichsten dünken. Andererseits ist es aber ein ungeschriebenes Gesetz der Fachpresse, die Lockstoffe und Reizmittel der Publikumsmedien gerade *nicht* einzusetzen, mit deren Hilfe jene die nötige Aufmerksamkeit erheischen, die Konkurrenz ausstechen, Auflagen steigern: als vertrügen sich eine lebendige, journalistische »Schreibe« und eine Aufmachung, die auch einmal Akzente und Gewichte setzt, nicht mit der angestrebten Seriosität und Unparteilichkeit des Mediums. So mochte in Jahrzehnten der ungefähre Eindruck entstehen, Fachartikel seien um so kompetenter, je hölzerner und trockener ein Thema für die jeweilige Zielgruppe aufbereitet wird. Da ist es nur logisch, daß Fachzeitschriften zum Beispiel keine Textchefs kennen, die das Geschriebene leserlich machen. Wohnmagazine erwähnen im Impressum immerhin gern einen Art Director, der die Bildchen gefällig positioniert.

Zwischen der im Grunde recht willkürlich unterstellten Eindimensionalität ihrer Kunden und dem komplizierten Hyper-Raum, den Architektur, Planungspolitik, Bauwirtschaft und allerlei Zivilisationsgewohnheiten bilden, führen die Blattmacher vom Fach eine Existenz im Zweidimensionalen. Man könnte die Redakteure und Autoren von Architekturzeitschriften als Fachblattläuse charakterisieren. Sie bewegen sich über eine platte Welt aus Magazinseiten und bemühen sich nach Kräften, diese mit vielen Fotos, zahlreichen Rißzeichnungen, sparsamen Texten und den überaus spröden Anzeigen der Baubranche zu beleben. Ihre Sehnsucht gilt immer dem Herausragenden – aber sie erfüllt sich erst, wenn alles, was irgendwie danach aussieht, erfolgreich in die vertraute Horizontale eines DIN-A4-Formats transformiert und fachjournalistisch auf den Punkt gebracht wurde.

Dieser Punkt liegt irgendwo zwischen dem Lauftext und den Fotos – dort, wo Platz ist für Headlines und Bildlegenden. Hier bricht sich die Philosophie des Expertenwesens an der Zeitökonomie lesefauler, aber entscheidungsfreudiger Zielgruppen: Ästhetische Theoreme und technische Praxis, baukulturelle Trends und verschlungene Berufspolitik scheinen fragmentarisch in (oft drögen) Überschriften und (manchmal rührenden) Unterzeilen auf. Die hören sich etwa so an: »Herausforderung und Chance – der Architekt in Europa«, »Wintergärten schaffen Wohnqualität«, »Dekonstruktivismus: wenn Architektur auf die schiefe Bahn gerät«, »Bauen mit Holz – längst bewährt« oder »Der sparsame Umgang mit Farbe paßt vorzüglich zum Grau des Sichtbetons«.

Nichts gegen Vergil. Es braucht schon etwas Geist, um die Materie zu bewegen, dazu noch in Richtung eines Trends oder gegenläufig zu diesem. Aber die Materie ist von sich aus viel mobiler als es den Anschein hat. Niemand weiß das besser als die Fachblattläuse. Manche von ihnen sind geradezu fasziniert davon, mit welch minimalem intellektuellen Aufwand sich ein Maximum an trendsettenden Seiten füllen läßt; und wie der bewußt sparsame Einsatz geistiger Arbeit außerdem die Lesefreundlichkeit eines Zielgruppenblattes erhöht. Vor einiger Zeit berichtete der Chefredakteur einer Bauzeitschrift triumphierend in seinem Editorial, eine Umfrage habe ergeben, daß seine Leser ungern läsen, am liebsten nur ein paar handfeste

Sätze über technische Detailprobleme. Nichts Grundsätzliches. Keinen theoretischen Schwulst, kein ästhetisches Gesäusel. Und er schwor, sein Blatt wolle sich künftig sehr beflissen darauf einstellen (wir zitieren sinngemäß).

Die Kunst, die der Bauzeitschriftenredakteur beherrscht und kultiviert, ist die Kunst des Weglassens. Zur Architekturkritik bequemt sich die Fachblattlaus nicht zuletzt durch die simple Entscheidung, vom einen oder anderen Gebäude einfach abzusehen und nichts darüber zu berichten. So wird umgekehrt allein schon die Präsentation eines Projekts im Blatt zum Ausdruck vorzüglicher Hochachtung. Entsprechend wohlwollend sollte (und wird) dann auch eine »kritische« Auseinandersetzung im Textteil ausfallen – andernfalls entstünden überflüssige Widersprüche, es sei denn, man kultivierte von Zeit zu Zeit die Idee vom »interessanten« Scheitern auf hohem Niveau, über das ausführlich zu berichten wäre.

Dergleichen bringt zwar gelegentlich Farbe ins Blatt, fügt sich aber nicht ohne weiteres ins grundsätzliche Konzept solcher Zeitschriften. Lieber ist es der Fachblattlaus, die vorgestellten Projekte mit holprigen Erläuterungstexten der Planverfasser zu garnieren. Das ist Information pur und schafft keine Konflikte: Denn der Alptraum des Redakteurs ist der durch Kritik vergrätzte und möglicherweise nachtragende Star-Architekt, der ihm seine aufsehenerregenden, vielleicht umstrittenen Entwürfe nicht mehr zur Veröffentlichung freigibt und sie bei der wohlwollenden oder indifferenten Konkurrenz publiziert.

Die eigenartige Zurückhaltung der Architekturblätter in Sachen Kritik mag wiederum erklären, warum die Leser der Fachzeitschriften sich bei der Lektüre so gern langweilen. Was hätten sie als Experten denn schon von pflaumenweichen Kommentaren zu lernen? Oder von bemüht kritischen Anmerkungen, die dann aber doch vom *basso continuo* einer tendenziell affirmativen journalistischen Praxis übertönt werden? Was könnten ihnen in diesem Zusammenhang einfühlsame Vergleiche, originelle Anspielungen oder theoretische Ableitungen sagen? Das Geschäft der Kritik profitiert von der intellektuellen Grenzüberschreitung, von geistiger Freibeuterei in Disziplinen, die der »eigenen« mehr oder minder benachbart sind. Der Architekturjournalismus der Fachblätter lebt aber – soweit er denn kritisch gemeint ist – von immanenten, also selbstbezüglichen, eher harmlosen Argumenten. Deshalb führen in diesen Medien allein die Fotografien das Wort. Sie gelten viel, die Texte wenig. Die Fachblattlaus zählt durchaus zu den wichtigsten Trendmachern in der Architektur: aber in erster Linie als Zensor, Platzanweiser und Bildredakteur.

Es liegt in der Logik der Sache, daß die beschriebenen Verhältnisse einen Diskurs der Fachmedien untereinander nicht gerade befördern. Anders als etwa die Feuilletons der großen Zeitungen, die mit Lust, Engagement und manchmal auch unterhaltsamer Häme auf Artikel in anderen Blättern eingehen, nehmen die Architekturzeitschriften sich gegenseitig nicht zur Kenntnis. Das läßt sich zwar mit dem trägen, meist monatlichen Erscheinungsrhythmus scheinbar plausibel begründen, trifft aber nicht den Kern des Problems. Zeitschriften mit einigem intellektuellen Anspruch – etwa der »Merkur« – schaffen es durchaus, als monatlich erscheinende Periodika in laufende Debatten einzugreifen oder sie anzuzetteln.

Architekturzeitschriften hingegen können, wollen und müssen sich offenbar gegenseitig ignorieren, weil sie sich mehr und mehr auf die Rolle neutraler Berichterstatter zurückgezogen haben. Sie zögern, Unruhe zu stiften oder weiterzutragen. Der Gedanke, die eigene »technokratisch« definierte Zielgruppe aufzubrechen und zu erweitern, kann ihnen gar nicht kommen, weil die anzeigenspendenden Mediaplaner der Bauindustrie in Deutschland offenbar anders kalkulieren als etwa in Italien. Dort gibt es traditionsreiche Architekturzeitschriften, die sich nicht genieren, wenn sie auch von Innenarchitekten oder interessierten Laien gekauft und gelesen werden. Die stolz sein können, weil ihnen der redaktionelle Mix aus Architekturberichterstattung, theoretischem Diskurs, Städtebauthemen und Design-Informationen immer wieder neu gelingt. Die – *last but not least* – prall gefüllt sind mit Werbung, deren visuelle Qualität mit der anspruchsvollen Aufmachung der Magazine meist harmoniert.

Etliche der deutschen Architekturfachblätter dienen gleichzeitig als Mitgliederzeitschrift von Berufsverbänden. In deren Verbandsmitteilungen ist immer wieder die Rede von der Krise der Architektur und den Krisen des Architektenberufs. Kann sein, daß die Hermetik der Fachpresse zu beiden einiges beigetragen hat. Zeit für die Fachblattläuse umzudenken?

Erlöser: zwischen F + E

Ob wir nun wollen oder nicht – an den hohen Feiertagen des Kirchenjahres, rund um Weihnachten zum Beispiel, kommt uns immer wieder dieser Spruch in den Sinn, mit dem die Architekten ihre göttliche Sendung begründet haben: architectus *secundus deus* dröhnte es einst wie Donnerhall – der Baumeister als Schöpfer zweiter Ordnung, jawoll. Dieser Satz hat sich tief in unser naives Gemüt eingegraben und wir bieten auch gleich eine aktualisierte, modernere Version an. »Ein Architekt kann vieles«, schränkte Peter Conradi, Architekt und Politiker, im Jahr 1987 recht bescheiden ein. Vieles, nicht alles. Oder doch fast alles. Seitdem die Lebensreformer im späten

Kapitän Henry Scott experimentiert 1861 mit einem neuen Zement

neunzehnten Jahrhundert und ihre ehrgeizigen Nachfolger im zwanzigsten das Los der arbeitenden Klassen durch Idealstädte, optimierte Wohnungsgrundrisse, Licht, Luft, Sonne, Kleingärtnerei und gut gestaltete Kaffeetassen verbessern wollten, hat uns das Leitbild vom Architekten als Weltverbesserer, als Erlöser von vielem Übel nicht mehr verlassen.

Erlöser sind ja ziemlich selten, und wenn wir bei diesem Stichwort auf die Architekten kommen, assoziieren wir auch gleich Begriffe wie Innovation, Forschung und Entwicklung. Zukunft eben: Weltraumstädte. Wolkenbügel. Riesige, transparente Klimakuppeln im sibirischen Eis, in denen leichtbekleidete Menschen unter Palmen wandeln. Null-Energie-Häuser. Bauten, die nur ein paar Kilo oder vielleicht einen Zentner wiegen – Leichtbau, Sie wissen schon. Frank Lloyd Wrights One-mile-high-Wolkenkratzer mit atomgetriebenen Fahrstühlen. Das Swatch-Haus für DM 99,50. Leon Kriers »Atlantis« auf Teneriffa, wo jedes Feriendomizil aussehen konnte wie Albert Speers Reichskanzlei en miniature, und wo alles ganz wahnsinnig urban wäre. Oder virtuelle Architektur. Walking Citys. Fraktale Städte. Wohnmaschinen, errichtet von Robotern. Häuser, deren Intelligenz umgekehrt proportional zu der ihrer Bewohner ist.

Architekten können vieles. Sie denken nicht nur in die Zukunft, sondern blicken vorausschauend auch in die Vergangenheit. In die Zeit, als man mit Lehm und Stroh imposante Häuser errichtete – ohne Architekten allerdings. In die Erdzeitalter, als weiche Meerestiere mit ein paar Spurenelementen erstmals robuste Kleinsteigenheime errichteten – ohne Baugenehmigung. Architekten denken an alles mögliche, wenn sie als Erlöser kreativ werden, nur ungern allerdings an das Nächstliegende: den grauen Alltag, und wie man ihn Schritt für Schritt verbessern könnte. Die Schritte, die sie machen wollen, sind entweder etwas zu lang oder etwas zu kurz. Seit zwanzig Jahren wird in Deutschland darüber nachgegrübelt, wie die Holländer in ihrem dichtbesiedelten, kleinen und vom Klima nicht verwöhnten Land es schaffen, bezahlbare Häuser auf bezahlbarem Grund und Boden zu errichten – und wie man das hier auch hinkriegen könnte. Das Rätsel ist bisher ungelöst, aber jeder weiß immerhin, warum das bei uns schon mal gar nicht funktionieren kann.

Egal, ob bei diesem speziellen Problem vielleicht der gesunde Menschenverstand ausreichen würde: Die schöne Formel F + E, mit der man heute Forschung und Entwicklung bündig abkürzt, kennzeichnet nicht nur wissenschaftliche Verfahrensweisen und methodische Denkformen, mit denen Architekten in ihrer Ausbildung keineswegs hinreichend bekannt gemacht werden. Sie steht auch für Organisations- und Finanzierungsstrukturen, denen die Architekten nicht gewachsen sind.

Sie schaffen es zum Beispiel kaum, einerseits von den Subventionsmilliarden, die der Staat auf seinen oberen Ebenen für F + E auswirft (zum Beispiel für die Luft- und Raumfahrttechnik oder für Schnelle Brüter), erst einmal einen gerechten, das heißt: einen sinnvollen Anteil zu erstreiten und ihn dann innerhalb der eigenen Disziplin sinnvoll wieder auszugeben. Es gelingt ihnen andererseits nur selten, in einen interdisziplinär angelegten Forschungsdiskurs mehr als nur einen Alibi-Architekten einzuschleusen. Und von der Chance, einen solchen Diskurs inhaltlich wesentlich zu bestimmen und zu steuern, kann erst gar keine Rede sein.

Dahinter stecken nicht bloß Ungeschicklichkeit, Maulfaulheit oder jener künstlerische Individualismus, über den sich die Szene in koketter Bekennerhaltung immer wieder selbst lustig macht. Architekten sind gar nicht so besonders motiviert, Forschung und Entwicklung zu betreiben, und das mit plausiblen Gründen. Als Freischaffende oder Angestellte in einem Architekturbüro sind sie dazu verurteilt, mehr oder minder gute Konfektionsware abzuliefern. Weil die Bauherren – und sehr viel später: die Nutzer – es sind, die das Risiko eines architektonischen, bautechnischen oder städtebaulichen Experiments letztlich zu tragen und zu finanzieren hätten, kommen Architekten selten in die Verlegenheit, epochemachende Innovationen überhaupt in die Akquisitionsgespräche einbringen zu können. Was sich nicht nachgewiesenermaßen irgendwie rechnet, was nicht gesicherter Stand der Technik ist, wird einem Investor nicht gefallen. Wer Millionen für sein Projekt ausgibt, wird sich im Zweifel konservativ verhalten.

Desgleichen die Architekten in den Bauämtern: Eine Genehmigungsbehörde hat vielleicht Ermessensspielräume, um das Unkonventionelle zu gestatten – es geradezu einzufordern, würde aber die geistige Kondition eines Amtsträgers überfordern. Er trägt nur Risiken, die durch Normen und Vorschriften zuverlässig aus dem Reich des Wahrscheinlichen ausgeschlossen sind. Kommunale Planungsbehörden freuen sich allenfalls über sogenannte städtebauliche Modellvorhaben, bei denen der Staat einige Millionen an Fördermitteln über Planfiguren ausschüttet, die grundsätzlich kaum etwas in Frage stellen, was nicht sowieso schon längst als untauglich erkannt worden ist. Im Rathaus findet man weder Erfinder noch Erlöser.

Und in den Hochschulen? Den Stätten des Geistes? Wie stehen Architekturprofessoren zu Forschung und Entwicklung? Grundsätzlich sind sie natürlich uneingeschränkt dafür – wäre da nur nicht ein kleines Zeitproblem. Die Lehre verschlingt Zeit. Das eigene, immer noch ziemlich gutgehende Büro verschlingt noch mehr Zeit. Am meisten Zeit aber würde es brauchen, die nebenbei betriebene Lehre, das lukrative Kerngeschäft im eigenen Büro und das eine oder andere Forschungsprojekt sinnvoll miteinander zu verklammern. Mit anderen Worten: Die Wissenschaftssoziologie hat noch kein Modell gefunden, wie man es den durchschnittlich interessierten Architekturprofessoren beim Forschen recht machen könnte. Berühmt oder wenigstens bekannt werden sie immer noch eher als Baukünstler, die begehbare Skulpturen entwerfen – Museen zum Beispiel, schimmernde Hochhäuser oder verwinkelte Bibliotheken.

Es gibt ein paar Ausnahmen, gewiß. Etwa die Bauhistoriker und -theoretiker, die kaum je den Ehrgeiz haben, selbst zu bauen oder eigene Großbüros zu betreiben. Da sind die Lehmbau-Apostel, von denen man jetzt nicht mehr so viel hört, und die Leichtbauer, die in der Mehrzahl Frei Ottos legendärem Zelt-Institut am Stuttgarter Pfaffenwald entsprangen. Sie bleiben nicht zuletzt deshalb so forschungslustig, weil ihnen der freie Markt im kühlen und verregneten Europa nicht so furchtbar viele Zeltbauten, Pneu-Architektur, Lehmhäuser und superleichte Flugzeughallen abverlangt. Und da ist der eine oder andere Einzelgänger, der mit seinem Professorengehalt irgendwie so gut zurechtkommt, daß er freiwillig auf lohnende Routinearbeiten verzichtet und seine ganze Energie drauf verwendet, faszinierende Prototypen zu entwickeln und Spezialprobleme zu lösen. Er nimmt sich alle Zeit, die er braucht, und sucht sich Bauherren, die damit zurechtkommen, weil sie mit innovativer Architektur das eigene innovative Image untermauern können. Dieser Typus des pragmatischen Experimentators verdient übrigens größten Respekt. Ihm fehlt nur der Apparat (und die öffentliche Resonanz), um seinen Ideen den breiteren Anwendungsbereich zu verschaffen, den sie vielleicht verdienen.

Im ganzen ist zutreffend, was ein Hamburger Star-Architekt irgendwann behauptete: »Wir forschen in unseren eigenen Büros«. Richtig ist aber auch, daß diese »Forschung« meist der Entwicklung eines erweiterten formalen Vokabulars gilt und seltener der erweiterten sozialen Brauchbarkeit von Architektur und Städtebau. Sie kann so isoliert, wie sie betrieben wird, die vielen wesentlichen Parameter des Planens und Bauens – Ökonomie, Recht, Technik, Ökologie, Anthropologie etc. – gar nicht unter einen Hut bringen.

Die Architekten, die in ihren Studios »Forschung« betreiben, kultivieren dabei, wenn man so will, ihre jeweiligen Hobbys. Sie interessieren sich, aus welchen Gründen auch immer, für einen eher engen Ausschnitt der Wirklichkeit – oder der Zukunft – und versuchen am Ende doch, daraus eine ganze Weltanschauung zu drechseln. Die messianische Zuspitzung endet dann nicht selten in trockener Schulmeisterei oder im Sektiererischen: den Erlösern fehlt der Humor und die leichte Hand, in einem Entwurf auch andere Dinge zu berücksichtigen als den eigenen Heilsgedanken.

Konkret heißt das: Der eingeschliffene Treibhaus-Ökologe setzt vor jedes Haus oder zwischen alle festen Baukörper seine Wintergärten aus Glas, mit denen er sich irgendwann einen Namen gemacht hat. Und der Leichtbau-Fanatiker würde eventuell auch den Schwerstverbrecher-Knast als fragile Cabrio-Konstruktion ausführen, weil er zwischen dem lebenslänglich gefangenen Kakadu in der Zoo-Volière und dem lebenslänglich eingesperrten Raubmörder nicht unterscheiden kann oder will. Architekten, die ihre Häuser grundsätzlich als Sonnenkollektoren und erst in zweiter Linie als Wohnungen begreifen, werden mit dem urbanen Städtebau Schwierigkeiten haben. Wer vor Jahren Plastikhüllen für das einzig taugliche Material hielt, wird heute mit gleicher Konsequenz den

Gebrauch von Holz fordern. Und einer, dem beim Stichwort »Medienzeitalter« nur der Bildschirm einfällt, kann aus den sprichwörtlichen vier Wänden, Decke und Boden inklusive, nur Projektionsflächen machen: Das ist dann »Medienarchitektur«.

Die Erlöser unter den Architekten haben noch nicht recht begriffen, daß sie ohne ihre anderen messianischen Kollegen und ohne die Masse der Erlösten nichts bewegen werden. Und auch nichts ohne die Bauwirtschaft, die ihrerseits vornehm auf Forschung verzichtet, jedenfalls hierzulande. Aus Japan kommen erstaunliche Nachrichten, wie viele Millionen dort von der Industrie für die Bauforschung ausgegeben werden – für die Entwicklung von brauchbaren Fertigteilsystemen, von Montagerobotern, von Materialien. Wer hier glaubt, als einsamer Architekt in Heimarbeit »Forschung« betreiben zu können, wird vermutlich auch glauben, Gerhart Hauptmanns »Weber« hätten doch seinerzeit computergesteuerte Textilmaschinen entwickeln können, um ihr Elend zu beenden.

Eine plausible Forschungsstrategie für das weite Feld der Architektur ist noch nicht in Sicht. Die Erlöser erlösen sich selbst. Und das preiswerte Hollandhaus kann man ja in Holland kaufen, wenn's denn unbedingt sein muß.

Der Star: mal Stern, mal schnuppe

»Heilsgebilde«,
Bernhard Johannes
Blume

Es ist immer eine Freude, wenn zum Beispiel aus New York gelegentlich eine Einladung ins Haus flattert, die zur Teilnahme an den Eröffnungsfeierlichkeiten eines bedeutenden Bauwerks irgendwo in Europa oder Übersee auffordert. Umschlag und Briefkopf tragen einen jener Namen, die man in jedem Lexikon der zeitgenössischen Architektur findet, und die genial anmutende Unterschrift könnte vom Meister selbst sein. Ganz unleserlich ist sie nicht. Und falls doch nur eine Vorzimmerdame das Schreiben signiert hat – ihr Name könnte sich glatt mit dem ihres Chefs reimen, wenn man die Sache graphologisch nicht so eng sieht.

Nein, der Brief ist zweifellos ein Autograph. Mit sehr persönlicher Anrede – nur der Vorname, bitteschön, welche Sekretärin würde sich das herausnehmen! – und entsprechend persönlicher Unterschrift. Lieber C., heißt es da, in den nächsten Tagen wird mein neues Museum in B. eröffnet . . . herzlich eingeladen . . . usw. Kurz, ein Blatt, das man einmal mit Stolz an die Enkel weiterreichen kann. Es spiegelt Architekturgeschichte wider, nicht von ferne, sondern gleichsam hautnah.

Auch der kühle K. schreibt manchmal und kündigt ein neues Werk an. Allerdings ist die Anrede bei ihm so streng wie seine Architektur. F. läßt schreiben, dafür ist die großzügig beigelegte Monographie signiert. Den B. – nein, nicht *der* B., der andere – kriegt man nicht einmal ans Telefon, er kultiviert einen alttestamentarischen Zorn über die Welt allgemein und speziell über die Kritiker, die ihn seiner Meinung nach samt und sonders im Stich gelassen haben. Berühmt ist er trotzdem, aber doch nur in den Grenzen des Landes. Wäre er ein internationaler Star, würden sein Mißmut und seine Paranoia alle Grenzen sprengen, und sein Kampf um eine ganz besonders menschliche Architektur wäre noch heroischer. Ganz anders P. Der ist von bestrickender Jovialität, aber man kann ihn auf nichts festlegen. Eine Art Star ist er vor allem deswegen, weil er sich offen zu seiner Eitelkeit bekennt und man ihm seine selbstironisch vorgetragene Anmaßung einfach nicht übelnehmen kann.

Gute Architekten sind nicht einfach gut. Man läßt sie nicht. Die anderen lassen sie nicht, und sie selbst tun ein übriges. Wirklich gute Architekten sind entweder die Stars von gestern, heute, morgen oder übermorgen. So wollen es die Bauherren, die Medien, die Öffentlichkeit – praktisch alle wichtigen Akteure in der »Szene«. Der Star, der weder von gestern, heute, morgen oder übermorgen sein darf, gilt als verkanntes Genie, zu allererst wohl sich selbst. Das endgültig verkannte Genie ist mit seinen bahnbrechenden Bauten und Entwürfen tragisch an der Zeit vorbeigegangen. Nein, sie ist an ihm vorübergerauscht. Oder an seiner Architektur zerbrochen. Auch als verkanntes oder einfach nur unerkanntes Genie bleibt jenes doch auf erstaunliche Weise ganz bei sich selbst: weil gute Architekten eben nicht bloß gut sind, sondern als künftige Weltbaumeister schon vom zweiten oder dritten Semester an ein unzerbrechliches Selbstbewußtsein kultiviert haben – mögen auch vielleicht die Zeiten nicht danach sein oder sich ungezogen und rücksichtslos verändert haben. Ohne dieses früh entfaltete Selbstwertgefühl kann aus einem guten Architekten nimmermehr ein Star werden. Denn der Erfolg des Stars beruht nicht auf dem Entwurf von Entwürfen, sondern auf dem Entwurf des Erfolges.

Letzterer folgt nun ganz anderen Gesetzen als Architektur und Städtebau »an sich«. Wenn ein angehender oder fertiger Star sich heute darauf einließe, die real existierende Architektur- und Bauherrenszene mit wirklich substantiellen Innovationen zu behelligen, wäre er bald zum Spezialisten abgestempelt und als Star aus dem Geschäft. Echte Experimente sind zu risikobehaftet, weder in den Kosten noch in der öffentlichen Wirkung abschätzbar. Der Star wird sich deshalb vorzugsweise formalen Fragen der Architektur widmen – etwa der, ob man ein Museum in eine Agglomeration von exzentrischen Hutschachteln auflösen kann, oder ob es besser eine lineare Figur sein sollte, die sich auf dem Stadtplan ausnimmt wie ein munteres Graffito.

Dem Star liegt schließlich daran, mit seinen Talenten als Designer, Bildhauer oder Bühnenbildner weltweit einsetzbar zu sein – bei jeder denkbaren Bauaufgabe. Er, der Star, wird es sein, der ihr zur Charakterform verhilft: Indem er sie scheinbar aus den Zwängen des Ökonomischen und der Enge des Bodenständigen und damit Provinziellen befreit.

Es gehört zum Spiel, daß diese formalen Fragen (für die sich immer ein hübscher Überbau aus Theorie komponieren läßt) im mehr oder minder öffentlichen Diskurs als jeweilige Essenz der Entwurfsarbeit des Architektenstars gewertet werden. Weder er noch seine Apologeten und Kritiker dürfen in dieser Hinsicht Spaß verstehen – auch und vor allem dann nicht, wenn die formalen Lösungen selbst eine »ironische Brechung« beinhalten. Das augenzwinkernd gesetzte Zitat und die humorvolle Anspielung sind im Kontext des Formalen todernste Angelegenheiten. Deshalb geben sich die Stars in der Regel auch unüberbietbar empfindlich, zickig oder arrogant: Es gehört einfach zu ihrer Rolle und untermauert ihre Glaubwürdigkeit. Theoretisch könnte auch ein Architekt zum

Star aufrücken, der sich und seine Arbeit nicht so ernst nimmt – aber er hätte es doch schwer, wenn sein Blick nicht prophetisch, seine wenigen Worte nicht Manifeste und seine Körpersprache nicht die eines Gurus wären. Nur der Mega-Star kann es sich leisten, seinen Humor oder seine Ideen wieder zur Disposition zu stellen und wie ein Friseur auf die Wünsche des Kunden zu reagieren. Aber es gibt keine Mega-Stars in der Architektur. Allein Norman Foster hat das Zeug dazu: In Sachen Berliner Reichstag hat er gezeigt, daß er zu allem fähig ist – auch zum Gegenteil.

Die zeitgenössische Architekturgeschichte wäre nichts ohne ihre Stars. Diese haben sich weltweit und ganz informell zu einem bunten *Flying Circus* zusammengeschlossen, der ständig mit flatternden Schals um den Globus jettet und in Tokio, Paris, Berlin oder Kuala Lumpur, an der Küste Kaliforniens oder an den Gestaden des Mittelmeeres seine Spuren hinterläßt, sei es im Sand des Baugrundes oder nur auf dem Papier. Bei den Vorstellungen des *Flying Circus* kommt es nicht darauf an, wieviel Beton real vergossen und welche Mengen von Stahl tatsächlich verbaut werden. Wichtig ist allein der artistische Gestus, mit dem Entwurfsideen vorgetragen werden – prägnant ausformulierte Ideen, wohlgemerkt. Die Stars von heute machen nicht mehr den Fehler der altvorderen Kollegen, die seinerzeit im Morast eines abgeschmirgelten International Style mehr oder minder ununterscheidbar wurden. Sie, die Stars der Gegenwart und der Zukunft, pflegen so gut wie möglich ihre eigene Handschrift.

Jene ist natürlich um so weniger verwaschen, je schmaler das gebaute Œuvre eines angehenden Stars ist. So kommt es, daß zum Beispiel ein junger Mensch mit wenig mehr als einer Handvoll Farbdias auf eine gut besuchte Vortragstournee gehen kann, wobei jene vielleicht nur das Innere einer Cocktailbar zeigen oder das Äußere eines Glückwunschkartengeschäfts. Mit einem gut gestalteten Strandkorb, der nicht einfach als Design-Etüde deklariert, sondern als grundlegende Untersuchung zum behausenden Archetyp des nomadisch-hedonistischen (also hypermodernen) Daseins ausgegeben wird, hat der Star von morgen den Pritzker-Architekturpreis von übermorgen vielleicht schon in der Tasche. Er muß nur noch darauf achten, daß seine nächsten spekulativen, am

Ende oft nicht gebauten Projekte – sagen wir: ein Atelierhaus im Moskauer Arbat-Viertel oder ein Drive-in-Akupunkturzentrum auf dem Pekinger Platz des Himmlischen Friedens – typologisch auf das schon ausformulierte Privat-Paradigma Bezug nehmen.

Weil der Star, wie gesagt, in erster Linie seinen Erfolg entwirft und erst in zweiter Linie Häuser, wird er sich vorzugsweise nur Projekten widmen, die in irgendeiner Weise Spielraum für Exemplarisches, Ungewöhnliches oder gar Sensationelles eröffnen. Je kniffliger die Planungsaufgabe oder der Ort ist, desto eher besteht Aussicht auf einen programmatischen oder gar theoretischen »Aufhänger«, der nützliche Debatten und Kontroversen nach sich ziehen könnte. Exzentrische Rahmenbedingungen sind außerdem zu späterem Zeitpunkt eine schöne Garantie für wiederholte Erwähnungen in der Presse, für ein Talk-Plätzchen in Funk und Fernsehen oder gar für eine Schublade in der Baugeschichte. Nicht zu vergessen: Die funktionellen und ästhetischen Erfordernisse der jeweiligen Bauaufgabe müssen eine betont spielerische Dimension haben – erst dann wird es möglich sein, die Phantasie des Publikums nachhaltig zu beflügeln. Denn die wirklichen Stars unter den Architekten haben eines verinnerlicht: Sie sind nicht dazu da, pragmatisch irgendwelche profanen oder banalen Forderungen und Wünsche aus dem Bereich des Alltagslebens zu bedienen. Vielmehr erwartet man von ihnen, daß sie eher ungenaue Sehnsüchte nach räumlicher und haptischer Erfahrung wecken, nach Urbanität und gebauter Identität, nach kultivierter Gemeinschaft oder im Gegenteil nach gepflegter Einsamkeit – um sie dann mit aller Raffinesse vermeintlich präzise zu erfüllen. Nicht präzise, sondern vermeintlich präzise.

Mit anderen Worten, der Star schafft sich selbst die Gelegenheiten, »offene Kunstwerke« in dem Sinne zu entwerfen, wie sie Umberto Eco in einem gleichnamigen, übrigens sehr respektablen Text umrissen hat. »Offene« Kunstwerke – sei es nun Architektur, Musik oder Malerei, Literatur etc. – sind Hervorbringungen, die vom Benutzer oder dem Publikum mit großer Hingabe auf je spezifische, individuelle Weise »vollendet« werden. Diese Vollendung geschieht natürlich nicht definitiv, sondern immer nur provisorisch. Man kann mit offenen Kunstwerken permanent neue Erfahrungen machen – wenigstens prinzipiell. In der täglichen Praxis werden die Stars unter den Architekten allerdings seitens ihrer Auftraggeber mit der nicht ganz so raffinierten Forderung konfrontiert, man müsse etwa in einer Villa im Siebengebirge ungefähr die gleichen Sensationen haben wie in einem Landhaus, das derselbe Baukünstler irgendwo in Übersee in eine sehr viel geräumigere Einsamkeit gebaut hat. Oder die geplante Museumstreppe in der verregneten deutschen Industriestadt müsse ebenso sehr zum Sitzen einladen wie der hochgelobte Kulturtempel des Meisters im sonnigen Süden.

So lernen manche der Stars unter den Architekten irgendwann auch, an der Allmacht zu leiden, die ihnen zugerechnet wird. Die Routine holt sie ein – das obsessiv vernutzte Quadrat, die immer wiederkehrende Kreisform, die alles integrierende hohe Friedhofsmauer, das notorisch strahlende Weiß der Fassaden oder, beim anderen, ihr zwanghafter Schwung. Das Gewitter »dekonstruktivistischer« Konstruktionen, ehedem vielleicht angenehm verstörend, erweist sich mit der Zeit als nur noch störend. Das ewige Hin und Her frei gestellter Rampen entzückt schließlich einzig und allein die Minderheit der Rollstuhlfahrer – die andern springen in den Aufzug. Der immer aufs neue sorgsam gefügte Beton lädt nicht mehr zur Meditation ein, sondern wird zum Brett vorm Kopf. Permanent fährt Glas durch Stahl und Stahl durchs Glas, und doch wird nichts demokratischer. Die Architektur der Stars läuft immer Gefahr, in den Kreislauf zwanghafter Wiederholungen zu geraten, und wenn einer mal ausschert und etwas Neues wagt, wird es ihm übelgenommen. Dann heißt es: Wohin ist ihm sein Rückgrat abhanden gekommen?

Wenn das offene Kunstwerk, das den Star zum Star gemacht hat, sich verschließt, ist die Zeit reif für den Generationswechsel. Die Zelebritäten von morgen und übermorgen haben schon die Schubladen voll mit aufregenden Skizzen und Plänen. Sie denken wie der brave Mann an sich, selbst zuletzt. Architektur ist ihnen ein Mittel zur Selbstverwirklichung. Aber die Architektur der Städte braucht nur wenige Stars, um städtisch zu sein. Sie braucht sie immerhin. Dringender wären allerdings jene guten Architekten, die einfach nur gut sein wollen. Wir sollten sie endlich lassen.

Bausparflamme – Vorstadtspießer

Bei Sonnenuntergang, wenn die Vögel verstummen und der Abendwind nur noch die monotonen Klagelieder der Architekten über die Dächer der Stadt weht, vernehmen wir von ferne immer mal wieder die altvertraute Weise vom Bauherren, den es nicht mehr gibt. Untergegangen ist er, ausgestorben die ganze edle Spezies, wie vorzeiten die Dinosaurier. Die Architekten vermissen ihn schmerzlich, ihren Bauherren – diesen guten, allerbesten, verständnisvollen Freund, der früher regelmäßig für schöne Aufträge sorgte. Ihr volksliedhafter Singsang in herbsüßen Molltönen handelt davon, was für ein

Zeichnung von Luis Murschetz

treuer, zuverlässiger Gesprächspartner er doch gewesen ist und welch erlesenen Geschmack er hatte. Im Chor preisen die Architekten seine Geduld und seine Großherzigkeit, seine gediegenen Ansprüche und seine sachkundige, aber stets vornehm und zurückhaltend geäußerte Kritik, die immer konstruktiv war und anregend für die eigene Entwurfsarbeit. Der Bauherr, den es zum Verdruß der Architekten so kläglich dahingerafft hat, der trotz des wachsenden gesellschaftlichen Reichtums ein Opfer des sozialen Wandels wurde – er muß eine Mischung aus Sonnenkönig und Patrizier gewesen sein, immer ordentlich bei Kasse, eine urbane Existenz, die sich vorzugsweise in Immobilien selbst verwirklichte und der Stadt selbstbewußt ihre steinerne Signatur aufprägte.

Es stimmt ja irgendwie, das Klagelied. In der Stadt – dort, wo man sie noch Stadt nennen kann – ist die Spezies der Bauherren praktisch ausgestorben. An ihre Stelle traten bekanntlich form- und gesichtslose Kollektive, Populationen von kalten Rechnern, die mit dem Bauen keine individuellen Ansprüche mehr zu verbinden wissen, sondern nur noch nüchterne, seelenlose Anforderungsprofile. Immerhin: Wenn auch keine Bauherren mehr im herkömmlichen Sinne, sind sie doch – weit mehr noch als jene verschwundenen Traditionsgestalten – Herren der Lage und potente Auftraggeber der Architekten. Geschäftsgrundlage zwischen beiden ist ein gewisser Mindestbedarf an fachmännischer Gestaltung. Damit kann man zurechtkommen – es scheint also, als gäbe es selbst für Architekten ein Leben nach dem Tod der Baukultur.

Aber auch den Bauherren wurde nicht vollends der Garaus gemacht. Sie existieren noch, als Wiedergänger, als fahle Schatten ihrer selbst: Auf der dem Leben abgewandten Seite der Städte, in den Mondlandschaften der Vororte, in den Einfamilienhausplantagen weit draußen an den wuchernden Rändern der Agglomerationen. Und erst recht in der Provinz. Gigantisch ist das Geisterheer der zeitgenössischen Bauherren; aber es hat sich losgesagt von den ehrgeizigen Architekten und ihrem kreativen Potential. Pi mal Daumen entspricht die Kopfstärke dieser Zombie-Legionen der Zahl der Bausparer. Sie alle träumen ganz bauherrenmäßig individuelle Träume vom Wohnen. Sie sind überzeugt davon, daß ihr Geschmack ein gutbürgerlicher ist – ein bißchen besonders, aber auch hinreichend konventionell. Sie ahnen, daß ihre Ansprüche ein wenig über das hinausgehen, was sie sich eigentlich leisten können. Aber sie sind guter Hoffnung, am Ende doch irgendwie mit den Nachbarn gleichziehen zu können. Die haben sich nämlich ein freistehendes Einfamilienhaus hingestellt, sogar mit einem offenen Kamin drinnen und einem draußen, mit Garage und einem Balkon nach Tiroler Art.

Anonyme Architektur also. Oder Architektur ohne Architekten. Jedenfalls Architektur, der man nicht ohne weiteres ansieht, daß ein Architekt den Entwurf eingereicht hat. Möglicherweise auch ein Ingenieur. Oder, seit neuerem da und dort nicht ausgeschlossen, ein Handwerksmeister. Vielleicht schlüsselfertig gelieferte Architektur oder Fertighausarchitektur oder Systemhausarchitektur. Oder Reihenhausarchitektur von der Stange, von wem auch immer.

Ja, der Herr Nachbar hat selbst Hand angelegt bei seiner Schmalspurvilla. Nicht nur beim Bauen – schließlich sind er und seine Vettern und Schwäger und die Kumpel von der freiwilligen Feuerwehr handwerklich begabt –, sondern auch beim Entwurf. Der ist vielleicht eine Variation des Nachbarbesitzes fünf Hausnummern weiter unten.

Tatort Wohnen: Wer in den Vorstädten ein Grundstück erwirbt und den dortigen Konventionen entsprechend seine Wohnung baut (oder bauen läßt), ist fast immer Täter und Opfer zugleich. Reiht man sich als Bauherr ein und fügt sich in die architektonische Minus-Ästhetik der Nachbarschaft, macht man sich schuldig als Mitläufer. Revoltiert man gegen herrschende Klischees, etwa mit Hilfe anspruchsvoller Architektur, leidet man in der Regel an der Vergeblichkeit solcher Anstrengung: denn der Blick nach draußen auf die Nachbarschaft bleibt auf alle Zeiten so ärgerlich, daß die positive Wahrnehmung der eigenen vier Wände dadurch nachhaltig getrübt wird. Im übrigen ändert sich das Gesamtbild qualitativ kaum. Ein gutes Haus inmitten einer durchschnittlich schlecht gebauten Nachbarschaft schafft allenfalls eine vorübergehende Irritation. Das ästhetische Mikroklima bleibt im wesentlichen erhalten.

Die Provinz zwischen spießiger Vorstadt und kleinbürgerlich aufgemotztem Dorfmilieu ist das Reich jener Bauherren, die sich einerseits mit Wonne und Pflichtgefühl an den allergewöhnlichsten Typenentwürfen festkrallen, andererseits aber an wehrlosen Details ihre individuellen Geschmacksentgleisungen exekutieren. So, wie der Sohn des Hauses seinen rostigen Manta in der Garage einem aufwendigen »optischen« Tuning unterwirft, so wird auch das traute Heim nach Maßgabe des familiären Bruttosozialprodukts architektonisch hochfrisiert. Der Phantasie sind dabei kaum Grenzen gesetzt. Die Industrie und die Baumärkte machen es im Prinzip möglich, eine Hausfront rustikal, die andere klassisch, die dritte postmodern und die vierte mediterran aussehen zu lassen.

Anders als das optische Tuning des Autos, das immerhin dem öffentlichen Auftritt des jugendlichen Piloten vor der Diskothek oder auf dem Vorstadtcorso einen besonderen Akzent verleiht, dient die architektonische Differenzierung des Typenhauses in der Regel nicht der Repräsentation nach außen. Die röhrenden Hirsche der Architektur, hier und da bestellt gegen Aufpreis, untermalen vielmehr ein äußerst sorgsam abgeschottetes Familienleben. Nur in seinem Rahmen, also in der unbedingten Sicherheit des Privaten, gedeihen Jagdhausträume oder Phantasien selbstbestimmter Sommerfrische in exklusivem Ambiente. Nur in der *splendid isolation* der bürgerlichen Kleinfamilie kann der Hausherr den großen Gutsherren spielen oder die Gattin bei Bedarf ein tropisches Barbecue auf den Bermudas halluzinieren.

Heinrich Tessenows ebenso berühmte wie legere Formulierung vom »Hausbau und dergleichen« (eine wichtige architektonische Etude, erschienen im Jahr 1916) muß heute geradezu frivol klingen. Die schlichte Vernunft seiner Wohnhausentwürfe, die an eine positiv verstandene Tradition handwerklich und »anonym« produzierter Architektur anknüpften, war ein selbstverständlicher Reflex auf Lebensgewohnheiten, an denen ebenfalls alles schlicht und selbstverständlich war. Wohnen bedeutete damals wohnen »und dergleichen« – nichts besonderes also. Heute wohnt man, indem man als sogenannter Couch-Potatoe in familiärem Autismus Freizeit zelebriert. Es geht immer ums Ganze und um mehr: Um Wohn-Spaß, um den gelungenen Bade-Spaß im Whirlpool, um sorgfältig inszeniertes Kochvergnügen in deftigem oder raffiniertem Küchenambiente, um romantische Kaminabende und um Fitneß im Kellerstudio.

Indem sich die Ästhetik des Repräsentativen mehr und mehr nach innen kehrte und die Privatsphäre sich unter der von Richard Sennett diagnostizierten »Tyrannei der Intimität« zur Mikro-Öffentlichkeit ohne Publikum wandelte, wurde das Accessoire wichtiger als die Grundstruktur der Wohnung oder ihr städtebauliches Umfeld. Nichts muß mehr zusammenpassen. Nur daraus erklärt sich die grotesk anmutende Bereitschaft der Bausparer, jedes noch so erbärmlich geplante und bebaute Areal zu bevölkern. Die kleinen Bauherren von heute denken a priori kompensatorisch. Was sie als armselige Hütten errichten (lassen), bewohnen sie schließlich, als seien es Paläste. Und Wohnzeitschriften und Frauenmagazine helfen gerne dabei: Kaum eine Ausgabe versäumt es, Einrichtungstips für originell verschnittene Grundrisse oder die theatralische Nachrüstung von Primitivwohnungen zu geben.

Für derlei Strategien, die man mit viel Nachsicht auch als rudimentäre Formen von »Lebensstilen« definieren kann, braucht es natürlich keine Architekten, die diesen Namen verdienen. Sie führen aber auch nicht zurück zu jener ebenso bescheidenen wie soliden Alltagsarchitektur, wie sie noch bis in die ersten Jahrzehnte dieses Jahrhunderts hinein von Maurern und Zimmerleuten in eigener Regie entworfen und ausgeführt werden konnte. Und so ist denn auch in diesem Zusammenhang der Verweis auf geniale Architekten überflüssig, die als Quereinsteiger Baugeschichte machten: auf den Artillerie-Offizier Balthasar Neumann etwa, auf Peter Behrens oder Mies van der Rohe. Das »anonyme« Bauen der Gegenwart hat andere Bedingungen als die historische Architektur ohne diplomierte Architekten. Letztere konnte ohne weiteres Baukunst sein – über Jahrhunderte hinweg. Heute dagegen geht es um die Bereitstellung ebenso disparater wie privater Erlebnissphären mit billigen architektonischen Mitteln: Nennen wir das doch einfach mal Architainment . . .

Lob der Lobby: Funktionäre

Blaß, ja farblos wäre die Architektur ohne ihre Funktionäre. Die Funktionäre sind es, die unseren notorisch schweifenden und schnell stumpf werdenden Blick immer wieder auf sie richten – und natürlich auf die Architekten, die sie bauen. Ohne die Funktionäre fiele die Baukunst heute ohne Zweifel aus der Kultur heraus und dem Trivialen anheim. Oder sie würde sich so verflüchtigen, wie es der Schriftsteller Reinhard Lettau – ein vortrefflicher Geist übrigens, dessen wundersam architekturverliebte Prosa der Poesie von Calvinos »Unsichtbaren Städten« kaum nachsteht – in seinem Werk »Zur Frage der Himmelsrichtungen« beschrieben hat.

»Reisende«, heißt es in dieser Hommage an Thüringen und Erfurt im besonderen, »bewundern die Standhaftigkeit unserer Häuser. ›Man tritt‹, rufen sie, ›bei Ihnen gegen ein Haus, und es bleibt ruhig stehen.‹ Je weiter von Erfurt entfernt, desto zarter die Häuser, die der Wanderer antrifft. Wer in ihnen lacht, steht im Freien, über ihm steigt das Haus schillernd empor.« Und von den Einwohnern ferner Länder heißt es bei Lettau gar: »Auch wir selbst sind zu leicht. Wer niest, sitzt im Baum. Nach dem Frühstück, nach dem Verlassen des Hauses, zerknüllen wir es und werfen es weg.«

Man kann über die Funktionäre der Architektur und der Architekten denken, wie man will. Aber sie haben doch immerhin durch ihre weise und vorausschauende Standes- und Berufspolitik dafür gesorgt, daß die Architektur hierzulande so gelächterfest gebaut wird wie nirgends sonst. Man nimmt sie ernst. Kaum einer würde sich leichtfertig über sie mokieren. Folglich steht niemand unversehens im Freien wie bei Lettau. Und Häuser, die man zerknüllen und wegwerfen könnte, sind mehr als verpönt. Denn unsere Architekturfunktionäre vertreten natürlich in patriotischer Verantwortung auch die obersten Maximen deutscher Wertarbeit, sind also Anwälte äußerster Langlebigkeit, unbedingter Zuverlässigkeit und höchster Qualitätsstandards; auch wenn sie immer wieder darauf hinweisen, daß das Bauen in Deutschland zu teuer sei und billiger werden müsse.

Wenn die Architektur schon nichts ist ohne ihre Funktionäre, so sind die Funktionäre erst recht nichts ohne die vielfältigen Organisationen und Verbände, in denen sich die Architekten zusammengeschlossen haben. Aber was wären die Verbände und Organisationen ohne die Funktionäre an ihrer Spitze? Und was wäre ein Verband, der sich zum Beispiel als Eliteorganisation der Architekten verstehen will, ohne konkurrierende andere Verbände, in denen sich vielleicht eher das Fußvolk sammelt?

Was auf den ersten Blick einigermaßen harmlos aussieht, ist bei näherem Hinsehen und -hören ein phantastisches Netz von Zwangsverhältnissen, Hader und gegenseitiger Geringschätzung. Wer im vertraulichen Gespräch mit Architekten und Funktionären die Ohren nicht versperrt, dem entfaltet sich die teuflische Dialektik eines fast tragisch zersplitterten berufsständischen Verbandswesens, dessen Basis aus überzeugten Individualisten, verschärften Eigenbrötlern und schroffen Künstlernaturen besteht. Man könnte sagen: Die Vereinsmeierei der Architekten beruht strukturell auf den Prinzipien gegenseitiger Ausgrenzung und individueller Selbstprofilierung. Sie ist also eigentlich ein Widerspruch in sich.

Ihre Abgründe taten sich historisch erst so richtig mit dem Erstarken des Bürgertums und der Entfaltung des Kapitals auf. Es waren die Ideen des Liberalismus und die Auswirkungen der technisch-industriellen Revolution, welche die einst schlicht und feudal geordnete Baukultur in eine komplizierte Freiheit entließen, die dann aber gleich wieder nach neuen Ordnungen schrie: nach Bauordnungen, Berufsordnungen, Ausbildungsordnungen, Honorarordnungen, Verdingungsordnungen. Plötzlich war Architektur nicht mehr in triftigen Notwendigkeiten des Alltags verankert, sondern in den trügerischen Ideologien der Gesellschaft – und zwar in einer zunehmend komplexen und pluralistischen, die dann auch das Spezialistentum und Expertenwesen entdeckte.

Irgendwann war es soweit: Es gab fortan Architekten und Bauingenieure, Architekten und Städtebauer, Architekten und Landschaftsgärtner, Architekten und Planer – und schließlich eben Architekten und ihre Funktionäre. Mit Hilfe letzterer artikulieren die ersteren ihre nunmehr etwas enger eingegrenzten berufsständischen Interessen und das, was man in Sonntagsreden »gesellschaftliche Verantwortung« nennt. Die Architekten (und nicht nur sie) sind mittlerweile auf diesen schwammigen und abstrakten Begriff mehr oder minder unglücklich fixiert: ganz einfach deshalb, weil *man* – die Gesellschaft nämlich – ihnen die konkrete und ehedem ganzheitlich wahrgenommene Verantwortung für das Bauen kaum noch zutrauen mag oder zuerkennen will. Eine Weile noch lag sie, fein portioniert und einigermaßen gerecht verteilt, bei den Architekten, Ingenieuren und Planern. Heute liegt sie im wesentlichen bei den Projektsteuerern. Die haben bezeichnenderweise weder Verbände noch Funktionäre – sie fühlen sich auch so stark genug.

Der Funktionär im Verbandswesen der Architekten ist eine Kreuzung aus Zauberlehrling, Seelsorger und Grüßgott-August. Als Zauberlehrling soll er trickreich einen gefährdeten Berufsstand retten – durch ebenso diskrete wie entschlossene Einflußnahme auf politische Entscheidungsträger, die in Sachen Architektur recht harthörig sind und Argumenten nur ungern erliegen: denn bei den Architekten ist wenig zu holen, sie repräsentieren keine nennenswerte wirtschaftliche Potenz und kein interessantes Wählerpotential. Als Seelsorger ist der Funktionär verbandsintern damit beschäftigt, einerseits permanent Zuversicht hinsichtlich des Erreichens gemeinsam gesteckter Ziele zu verbreiten, andererseits ständig das notorisch unterentwickelte Problembewußtsein der Mitglieder anzustacheln. Als Grüßgott-August schließlich bewegt sich der Funktionär in einer Öffentlichkeit, die längst genervt ist vom lamentablen Zustand der gebauten Umwelt. Scheinbar gleichgestimmt, tritt er ihr entgegen mit einem ebenso bewegenden wie geschickten Lamento über den drohenden Niedergang der Baukultur, der nun allerdings den Architekten zum wenigsten geschuldet sei.

Rein theoretisch wäre den Architektenverbänden im allgemeinen und ihren Funktionären im besonderen ein beträchtlicher Einfluß auf das Bauwesen, die Baukultur, nicht zuletzt die Architektenausbildung zu unterstellen: Schließlich, könnte man annehmen, formiert sich in den berufsständischen Organisationen auch eine Art kollektives Bewußtsein und ein gemeinsamer Wille. Die Satzungen der Verbände sind geprägt von edlen Zielen – es geht um die Qualität des Planens und Bauens, um Förderung und Pflege der Baukultur, um die sorgfältig wahrgenommene Verantwortung des Architekten gegenüber den Bedürfnissen seiner Klientel und den Ansprüchen der Gesellschaft. Das Eigeninteresse der Architekten rangiert scheinbar am unteren Ende der Skala; es verbirgt sich hinter Kürzeln wie HOAI, GRW, VOB oder VOF und macht sich fest an Haftungsbestimmungen, dem Wettbewerbswesen und einer ständig novellierungsbedürftigen Honorarordnung.

    Den Funktionären gelingt es in der Regel auf bewundernswerte Weise, bei öffentlichen Auftritten hochtrabende Philosopheme über Baukunst und Kreativität mit berufsständischem Kleinklein zu verbinden. Wie überall, ist auch in diesen Kreisen zu unterscheiden zwischen haupt- und ehrenamtlichen Funktionären. Die Hauptamtlichen managen hyperdynamisch den Apparat; die Ehrenamtlichen präsentieren ihr Silberhaar und elegante Halbbrillen – Corbus rundes Ungetüm ist mega-out! – auf dem öffentlichen Parkett. Dort sieht es für die Leute vom Bau nicht gut aus. »Die politische Akzeptanz der Architekten und Ingenieure an der Basis in kleinen Zirkeln ist höchstens noch im städtischen Raum gegeben, nicht mehr jedoch auf der großen Bühne eines Landes oder gar Europas«, bekannte ein Verbandspräsident. Und: »Wenn wir uns die Namen ansehen, welche die ehrenamtliche Arbeit machen, so ist darüber hinaus die Funktionärsüberalterung nicht von Vorteil bei der Durchsetzung der Interessen.«

    Solche Andeutungen über einen eventuell altersbedingten Starr- und Eigensinn der Funktionäre fügen sich zu einer ähnlich diplomatisch gefaßten Nabelschau, mit der ein anderer Verbandspräsident an die Öffentlichkeit ging: »Allzu häufig reduzieren wir geistige, soziale, psychologische, gesellschaftliche Probleme auf technisch-pragmatisch ›machbare‹. Genau wie in der Politik rücken zweit- und drittrangige Themen ins Zentrum berufspolitischer Identität. Inhaltliche Themen werden ausgeklammert, strukturelle Fragen werden zu organisatorischen Fragen reduziert, und diese werden zu personellen Fragen verkürzt.« Der Autor leitet allerdings die kontraproduktive Lust der Architektenfunktionäre am berufspolitischen Kleinkrieg geschickt und ganz allgemein aus dem »provinziellen Geist« der Bundesrepublik ab: Die Schuld am ständig verpatzten Diskurs liegt also – wie auch der geschäftsmäßig beschworene Niedergang der Baukultur – in den allgemein herrschenden Verhältnissen begründet. So scheinen die Architekten wieder mal aus dem Schneider zu sein, auch und gerade dann, wenn sie zutreffende Selbstkritik üben. Routinierte Funktionäre können eben nicht aus ihrer Haut: Sie stellen sich noch schützend vor ihre Verbandsmitglieder, selbst dann, wenn sie sie rüffeln.

In ihren Sonntagsreden rühmen sich die Architektenfunktionäre seit Jahrzehnten ihrer sachdienlichen Einflußnahme auf Baugesetzgebung, Städtebau und Planungspolitik. Wenn diese auch nicht ganz zu leugnen ist, so steht sie doch in keinem Verhältnis zu den politischen Erfolgen anderer Berufsgruppen, deren Wählerpotential kaum größer und deren wirtschaftliche und kulturelle Bedeutung eher kleiner ist. Man darf ruhig fassungslos sein etwa über die Chuzpe, mit der ein armseliges Häuflein mitteleuropäischer Bauern, deren Rüben und Butterberge niemand so recht braucht, Politiker von Hintertupfing bis Brüssel zu den absurdesten Entscheidungen animiert, und das schon seit Jahrzehnten. Der verschwenderische Charme der europäischen Gemeinschaft beruht ja im wesentlichen auf dem frühen Surrealismus des EWG-Agrarmarktes, der von der Bauernlobby umstandslos durchgesetzt wurde.

Hätten die Architekten in der Politik einen ähnlichen Einfluß wie die Bauern – die Republik und ihre Städte sähen unvorstellbar anders aus. Daß sie ihn nicht haben, liegt nicht zuletzt daran, daß Agrarfunktionäre in der Öffentlichkeit ungleich volksnäher über Kartoffeln und Gen-Tomaten zu plaudern wissen als ihre Kollegen von der Architektur übers Bauen. Wenn ein niedersächsischer Freiherr im Lodenmantel in den TV-Nachrichten über Rindermast und Schweinehälften extemporiert, weiß jeder, daß es letztlich ums Essen geht. Wenn dagegen Architekturfunktionäre über ihre Anliegen reden, wird selten klar, daß eigentlich vom Wohnen im weitesten

Sinne die Rede ist. Kaum eine Berufsgruppe ist näher am Alltagsleben als die Architekten; aber kaum eine beruft sich derart rigide auf ihr Expertentum, das sie doch in Wirklichkeit mit vielen anderen teilt – nicht nur mit anderen Technikern, sondern vor allem mit den Benutzern von Architektur.

Konkreten und nennenswerten Einfluß auf die Architektur könnten die Funktionäre gewinnen, wenn sie Fragen der Architekturqualität und der Baukunst vorzugsweise *in* ihre Verbände hineintrügen und dort eine ständige Werte- und Zieldiskussion führten. Die Praxis läßt nicht erkennen, daß dies in hinreichendem Maß geschieht und vor allem auch Wirkung zeigt – die Ausnahme bestätigt die Regel. Verbände, die ihre Stärke mit der Zahl der Mitglieder gleichsetzen, werden eine interne Qualitätsdebatte nicht glaubwürdig führen können – eine externe allerdings auch nicht. Nie ist ein Architekt aus einem Verband ausgeschlossen worden, weil er sich schwer und fortgesetzt an der Baukultur verging. Über die Qualifikation eines Kollegen wird allenfalls geurteilt, wenn es um seine Aufnahme in den Verband geht – meist aber gar nicht.

Der Funktionär ist zufrieden. Seine bescheidene Macht und die seines Verbandes beruhen auf Mehrheiten, über die man lieber schweigt. So bleibt alles beim alten. Beim alten?
Der Funktionär schmunzelt: Er fühlt sich doch kaum älter als sechzig!

Sisyphos? Obelix? Stadtplaner!

Wer eine Antwort sucht auf die Frage, warum längst bekannte Fehler in der Planung der Städte gerne wiederholt werden, kann es sich leichtmachen und die gute alte Kapitalismuskritik bemühen, auch wenn die derzeit nicht so besonders en vogue ist: Vielleicht, weil sie so plausibel immer auf dasselbe hinausläuft, ohne daß dadurch eine politisch korrekte Revolution wahrscheinlicher würde. Wer hingegen wissen will, warum die gleichen Fehler jeweils neu begründet werden, sollte sich an den Philosophen Spinoza halten. Der hatte im siebzehnten Jahrhundert in seinem *Tractatus Theologico-Politicus* scharfsinnig festgestellt, die Eingebungen der Propheten hätten diese selbst nie auch nur ein bißchen schlauer gemacht. Mit anderen Worten: Sie hörten sich selbst kaum zu und fingen jedesmal wieder bei Null an.

Auch Stadt- und Raumplaner sind auf ihre Art Propheten. Sie planen in eine offene Zukunft hinein. Sie entwerfen die Stadt nach Maßgabe des Gewünschten (selten: des Wünschbaren), aber vor allem unter dem schnöden Diktat dessen, was heute gerade mal sein muß oder nicht sein darf. Das ist unter qualitativen Aspekten in der Summe immer sehr viel weniger als im Topos des Plans idealtypisch enthalten ist.

Kurz gesagt, der Stadtplaner ist wie Sisyphos: Einer, dem es nicht vergönnt ist, aus Erfahrungen etwas zu lernen, was ihm für die künftige Arbeit nützlich sein könnte. Von den Göttern verdammt, auf ewig einen schweren Stein – der im letzten Moment immer wieder abstürzt – den Berg hinaufzuhieven, hat Sisyphos als Realist nur im Kopf, mit dem dummen Brokken die nächsten Meter voranzukommen. Die Utopie, die er sich dennoch leistet, handelt allerdings nicht davon, die klobige Last irgendwann auf dem Gipfel abzusetzen: Sisyphos überlegt sich, wie der Berg aus der Welt zu schaffen sei.

Der Berg – das sind für den Stadtplaner die widrigen Verhältnisse, in der Fachsprache Rahmenbedingungen. Die Bodenordnung zum Beispiel, gemäß der die Interessen der Grundbesitzenden gegenüber dem Interesse des Gemeinwohls ziemlich bevorzugt behandelt werden; die städtische Wirtschaft, deren Blüte ständig gefährdet scheint und deren Wohlergehen (fast) alles unterzuordnen ist; die notorische Armut der öffentlichen Hände, die es kaum je erlaubt, in

**Mario Sironi:
Figur und Stadtlandschaft, um 1923/24**

urbanistischen Angelegenheiten hinreichend Vorsorge zu treffen – also Infrastrukturen richtig und rechtzeitig auf- und auszubauen, strategische Grundstücksvorräte anzulegen und dergleichen; schließlich die Engstirnigkeit vieler Kommunalpolitiker, ihre Phantasielosigkeit und Besserwisserei, die sich verbinden mit dem Unvermögen, über die Legislaturperiode hinauszudenken.

Immer wieder träumen die Urbanistiker davon, diesen Berg aus Rahmenbedingungen und Sachzwängen einfach beiseite zu räumen: mit bahnbrechenden neuen Planungsmodellen, die entweder beherzt alles (das heißt: die ganze Stadt) gleichzeitig in den Griff nehmen oder, umgekehrt, der Gestaltung kleiner, überschaubarer Dinge den Vorrang geben – aus ihnen soll sich dann schließlich das große Ganze schöpferisch, flexibel und demokratisch entwickeln lassen.

Und Sisyphos' Stein? Der ist dem Planer wegen seiner relativen Handlichkeit fast lieb geworden. Der Stein steht metaphorisch für solide Baukunst – die Stadtbaukunst im größeren, die Architektur im entsprechend kleineren Maßstab. Hier läßt sich tatsächlich noch etwas bewegen, es winken kleine Erfolge, gegen die sich das »System« (ein beliebter Terminus aus den Zeiten, als die Planung noch hoch im Kurs stand) im Großen erfolgreich zu sperren weiß. Es ist kein Zufall, daß diese »physische« Planung sich in der Zunft größerer Beliebtheit erfreut als der Umgang mit abstrakten Zielsystemen. Eine verkehrsberuhigte Spielstraße im Wohnviertel läßt sich leicht verwirklichen, am eindrucksvollsten mit Bürgerbeteiligung. Ehrgeizige Entwicklungskonzepte für ganze Städte erleiden hingegen meist das gleiche Schicksal wie Stalins Fünfjahrespläne – sie lassen sich nicht realisieren und machen ihre Urheber nur lächerlich.

Trifft man einen halbwegs gutgelaunten Planer, so ist es in der Regel ein freischaffender, der in überschaubaren Verhältnissen Städtebau betreibt und sich gern auch mit Architektur befaßt – das eine jeweils als willkommene Ergänzung des anderen. Die Planer mit den besonders mürrisch heruntergezogenen Mundwinkeln sind dagegen meist Strategen einer vielfältig und weitläufig vernetzten Stadtentwicklung – Ritter von der traurigen Gestalt, fast aufgerieben im Kampf gegen die Windmühlen, vollgestopft mit Kennziffern, Sozialstatistiken, Wirtschaftsdaten, Theorien und Leitbildern, die zugleich auch ihre Leid-Bilder sind.

Der Planer lebt und arbeitet, wenn er nicht eine kleine Professur in der Hinterhand hat, in recht heiklen Abhängigkeitsverhältnissen, sowohl als Städtebauer als auch als Stadtentwickler oder Regionalplaner. Seine Auftraggeber oder Dienstherren sind große Apparate: Konglomerate von Ämtern, ganze Behörden und schließlich jene modernen Koalitionen aus mehr oder minder privaten Gesellschaften und öffentlichen Verwaltungen, die sich zu immer phantasievolleren Formen der Arbeitsteilung zusammenfinden.

Was sie alle von den Stadtplanern verlangen, sind weder fromme Visionen nach Art des Renaissancemenschen Campanella noch rabiate Geniestreiche in der Manier des Barons Haussmann (dem Paris seine Boulevards verdankt). Gefragt sind eher trockene Expertisen, an die man sich halten kann oder auch nicht; ferner maßgeschneiderte Bebauungspläne, bei denen man später notfalls immer noch etwas zu- und abgeben kann. Ge- und beplant wird in der Stadt alles, dessen Zukunft sich ein Stück weit festzurren läßt: Verkehrswege etwa, das städtische Grün und die Infrastruktur; Kerngebiete für den Handel und die Dienstleister, Mischgebiete, Wohngebiete; Baufluchten, Geschoßzahlen, Bebauungsdichten, Dachformen, Traufhöhen und dergleichen mehr.

Man probiert immer wieder, auch die Wirtschaft zu planen, obwohl die dagegen ziemlich immun ist. Städtische Wirtschaftsplaner empfehlen sich deshalb mit treuherzigem Augenaufschlag als kommunale *Wirtschaftsförderer.* Pikanterweise sind es gerade sie, die dann doch wieder ganz massiv vor sich hin planen – allerdings in andere Ressorts hinein. Da dem Wirtschaftsförderer als Planer nur das Wünschen hilft, weil er nämlich die launischen Unternehmer und Gewerbetreibenden nicht in den Griff kriegt, pfuscht er gern den Kollegen ins Handwerk, zum Beispiel denen, die für das Bau- oder Planungsdezernat arbeiten. Oder den Verkehrs- und den Umweltplanern. Die alerten Wirtschaftsförderer machen sich gern für schnelle Straßen stark, für Büropaläste und Gewerbeparks. Es sind durchweg musische Leute: die Stadt ist für sie dort am schönsten, wo die (Steuer-)Kassen klingeln.

Der Planer – der echte – verkauft seine Arbeitskraft allerdings nur vordergründig in Form von ausgetüftelten Bestandsanalysen, Maßnahmekatalogen und sauber gezeichneten Flächennutzungs- und Bebauungsplänen: Honoriert wird letztlich das, was er an »neutraler« Autorität auf die Waage bringt. Aber es ist dies eine Autorität, die sich nicht über Gebühr verselbständigen darf. Schon gar nicht sollte sie sich gegen die Interessen derer wenden lassen, die Planung initiieren. Heute sind das längst nicht mehr nur die öffentlichen Verwaltungen, sondern immer öfter auch spendable Investoren. Sie haben nichts gegen die Erledigung öffentlicher Aufgaben, wenn diese dadurch ein wenig in ihrem Sinne gestaltet werden – ganz legal natürlich und selbstverständlich abgesegnet von den jeweils zuständigen Parlamenten (notabene: man darf gespannt sein, wann die *public-private partnership* auf diesem Gebiet, wenn sie denn noch üblicher und enger wird, den unabhängigen Planern den Garaus machen wird).

Die Autorität des Planers wird demnach als eine strikt instrumentelle gebraucht. Sie erfüllt ihren Zweck nur, wenn sich mit seinem Expertentum auch eine gewisse technokratische Beflissenheit verbindet. Ein Planer, der zuviel weiß und das ohne Rückversicherung öffentlich kundtut, riskiert seinen Job. Er kommt in den Verdacht, eigene, also möglicherweise abweichende Meinungen geltend machen zu wollen. Das aber kommt in den Spielregeln seiner Auftraggeber nicht vor. Deshalb haben die kritischsten Planer ihre große Zeit immer schon hinter sich. Der Rest trägt einen unsichtbaren Designer-Maulkorb vor dem gekräuselten Schmollmund.

Alle Planer wissen zuviel, und die meisten leisten sich auch privat eine eigene Meinung, die mit der »pragmatischen« Politik ihrer Dienstherren und Auftraggeber nicht unbedingt harmoniert. Seit aber die Urbanistiker irgendwann ihren Anspruch auf die anstrengende Rolle als führende und gestalterisch kompetente Generalisten aufgegeben und gegen die bequemere der von Fall zu Fall konsultierten wissenschaftlich-technischen Experten eingetauscht haben, steht es mit ihrem Bekennermut nicht zum besten. Wohl zehren sie noch von der aufklärerischen Moral, die in der Denkfigur des rationalen Planens bereits angelegt ist. Aber von einem kulturell und politisch akzentuierten Selbstverständnis der Planer kann keine Rede mehr sein. Obwohl sie nicht müde werden, auf die politischen Dimensionen ihres Tuns – besser gesagt: ihrer professionellen Ratschläge – zu verweisen, scheuen sie doch selbst den Konflikt, der mit politischem Handeln unweigerlich verbunden wäre. Nicht zufällig sympathisieren viele von ihnen mit »progressiven« Modellen partizipatorischer Planung. Das spiegelt demokratische Gesinnung wider, ist aber auch Risiko-Management: So könnte im Idealfall bürgerschaftliches Engagement mühelos das eigene ersetzen.

Daß heute alle Welt von urbaner Kultur redet, von der selten gelingenden und häufig scheiternden Produktion des Städtischen, hat die Planer bisher kaum aus der Reserve gelockt. Sie sind in der Regel keine nervösen Stadtneurotiker, sondern eher bedächtige, abwägende Menschen. Da sie oft in der Defensive sind, erfreuen sie sich einer hohen Frustrationstoleranz. Weil sie aber glauben, daß die Materie, mit der sie umgehen, eigentlich zu kompliziert sei für das allgemeine Publikum, scheuen sie sich, Diskurse zu begleiten oder gar anzuführen, die einerseits substantieller sind als die forschen Sprechblasen der Kommunalpolitik, aber nicht so fach- und fallbezogen wie jene spröden Debatten, die sie als Experten begleiten, manchmal sogar Auge in Auge mit Planungsbetroffenen.

Dabei wäre es notwendig, über Planung so öffentlich und kritisch zu reden wie etwa in Reich-Ranickis Literarischem Quartett über brillante und nichtswürdige Bücher geplaudert wird – hinreichend konkret, aber auch erfrischend allgemein und vor allem mit Emphase. Urbanistik ist nicht ganz so sinnlich wie Literatur, und schon an den Universitäten wird alles getan, Disziplinen wie Städtebau so langweilig wie möglich zu vermitteln.

Doch Planer könnten mindestens soviel bewegen wie Schriftsteller, die immer mal wieder unter größter Anteilnahme der Presse und des Publikums der politischen (und moralischen) Vordenkerei frönen. Sie könnten: Wenn es auch ihnen gelänge, ihr Metier über das Medium des kulturellen Diskurses ins Politische zu kehren. Von hier aus, nämlich aus der bildhaften Perspektive der Kultur (genauer: der Kultur des Alltäglichen) wird Politik zur spannenden Sache – gerade auch die Politik des Städtischen.

Planer sind stärker als sie glauben. Wie Obelix, der gallische Anti-Sisyphos mit dem Hinkelstein, haben sie kein Gefühl für ihre Muskeln. Immerhin sind sie im weitesten Sinn die Architekten der Stadt. Sie gestalten das Wohnen jenseits der Haustür, das Wohnen im Raum des Gesellschaftlichen. Gute Planer verhindern, daß gewisse Standards des Urbanen unterschritten werden. Sehr gute würden dafür sorgen, daß über diese Standards stetig debattiert wird: Wir warten noch auf die Stadtplaner, denen es gelingt, ihre Ansichten in öffentliche Meinungen zu verwandeln.

Papiertiger: der Bauminister

Minister gibt's in der Bundesrepublik, die gibt es gar nicht. Präziser gesagt: Es gibt sie natürlich, aber man merkt nur wenig von ihrer Existenz und ihrem hoffentlich bemühten Wirken. Sie spielen einfach keine Rolle. Denn sie haben keine Macht, jedenfalls keine nennenswerte im Vergleich zu ihren Kollegen etwa im Finanz- oder Innenministerium. Nicht, daß die Sorte der eher dekorativen, hintergründigen Minister – sie illustrieren den Begriff des »Schattenkabinetts« nicht ganz treffend, aber doch aufs Anschaulichste –, nicht daß jene also kein Portefeuille hätten, das heißt einen fest umrissenen Geschäftsbereich. Sie verfügen durchaus über einen Etat, also einiges Geld zum Ausgeben, und über ein ordentliches Ministerium mit beamteten und parlamentarischen Staatssekretären und vielen, vielen Beamten. Dennoch sind diese Minister dazu verurteilt, politische Randfiguren zu bleiben, Statisten des Regierungstheaters; Leichtgewichte, mit denen ein Kanzler sein Kabinett gewissermaßen auswuchtet, damit es schön rundläuft: in der Bundesrepublik gewohnterweise in einer Koalition, die regelmäßig in der zweiten Hälfte einer Legislaturperiode in Gefahr gerät, ein wenig zu eiern.

Zu der Sorte Minister, die es eigentlich nicht so recht gibt, gehört in der Bundesrepublik Deutschland traditionell der Minister für Raumordnung, Bauwesen und Städtebau, im ministerialen Volksmund: der Bundesbauminister. Man kann sich durchaus vorstellen, daß ein Bauminister im Staat eigentlich gebraucht, wirklich gebraucht würde. Daß er konsequenterweise auch ein bißchen Macht und Einfluß haben sollte, parallel dazu eine gewisse Kompetenz. Schließlich ist das Bauen und Wohnen eine Angelegenheit von weitreichender Bedeutung, sie betrifft so gut wie jeden, der es nicht vorzieht, unter Brücken zu schlafen.

Einem Bundesbauminister – in der jüngeren, politisch immer »korrekter« werdenden Geschichte Deutschlands gab es im Ressort auch schon Ministerinnen – mangelt es vor allem deshalb an nennens- und wünschenswertem Einfluß, weil er mit seinem Geschäftsbereich in der föderalen Struktur der Bundesrepublik gleichsam zwischen allen Stühlen der Macht sitzt. Auf dem Geld, das er in Form von Fördermitteln an Länder und Gemeinden verteilen darf, sitzt zunächst einmal der Finanzminister. Die Raumordnung ist letztlich doch Sache der Länder und ihrer nachgeordneten Planungsverbände; der Städtebau, wen würde das überraschen, findet im wesentlichen unter den Fittichen der Kommunalverwaltungen statt; und das Bauwesen entwickelt sich vornehmlich nach Maßgabe konjunktureller Zyklen, es hängt von den Renditeerwartungen der Investoren ab. Im übrigen: Beim Denkmalschutz – ein Bereich, der gerade im Zusammenhang mit der deutschen Wiedervereinigung wieder an Bedeutung gewonnen hat – reden zum einen das Bonner Innenministerium ein gehöriges Wörtchen mit, weil es Geld für diesen guten Zweck ausgeben darf, zum andern natürlich die einzelnen Bundesländer, weil sie Kulturhoheit beanspruchen dürfen: denn altes

Gebälk zu retten ist auf jeden Fall Kultur und damit Ländersache.

Und das Verkehrswesen? Kaum etwas prägt und »ordnet« die räumliche Struktur des Landes nachhaltiger als das Netz der Verkehrswege: aber es fällt, wie jeder weiß, nun wiederum in den Kompetenzbereich der Verkehrsminister in Bund und Ländern. Auch um die sogenannte Umwelt – die vor allem auch dort verkümmert, wo emsig gebaut, gearbeitet und gewohnt wird – kümmert sich auf der Ebene des Gesamtstaates nicht der Bauminister, sondern ein Kabinettskollege oder eine -kollegin. Die Umweltminister teilen mit den Bundesbauministern das Schicksal, welches das politische System seinen Papiertigern zugedacht hat: Sie dürfen beide gern große Sprüche klopfen, aber nur kleine Sprünge machen.

Ein Bundesbauminister muß im Geiste so bescheiden und demütig sein wie ein Klosterbruder. Gleichzeitig sollte er aber so überzeugend auftreten können wie ein begnadeter Hochstapler. Ständig bringt er, so will man es von ihm, große Projekte »auf den Weg«. Etwa die Novellierung von Baugesetzen. Die Durchforstung, soll heißen die Lichtung des Paragraphendschungels im Bauwesen – ist auch nach Jahrzehnten noch ein Dschungel. Oder die Reform der Wohnungsbauförderung. Und auch die ökologische Umorientierung des Städtebaus.

Wenn der Minister etwas auf den Weg bringt, kann man ruhig eine Weile wegschauen: So ziemlich alles, was bisher im verträumten Schloß Deichmannsaue ausgeheckt wurde, dem schmucken Bonner Dienstsitz des Bundesbauministers, ging mit atemraubender Langsamkeit vor sich oder wurde in den Mühlen der Politik zerrieben. Bemerkenswerte Ausnahme: Die Drosselung des Sozialen Wohnungsbaus, die unter Oscar Schneider (dem großen Verehrer des Dichters Anton Tschechow, einem Meister der Langsamkeit) eingeleitet worden war; sie sollte in kurzer Zeit zu interessanten Engpässen auf dem Markt bezahlbarer Wohnungen führen.

Was immer ein Bundesbauminister an Nützlichem auf den Weg bringen wollen sollte – es kostet entweder viel Geld, oder es läuft den Interessen mächtiger gesellschaftlicher Gruppen zuwider, oder es fällt einfach nicht in seine Zuständigkeit. Könnte der Bauminister mit einem Federstrich das deutsche Ladenschlußgesetz aus der Welt schaffen, hätte er sich mindestens der Hälfte seiner urbanistischen Probleme für alle Zeit entledigt. Allerdings fällt dieses einmalig kuriose Gesetz, das den Pulsschlag der deutschen Städte steuert – im schlechten, obrigkeitlichen Sinne steuert, nach dem Geschäftsverteilungsplan der Bundesregierung eher in die Zuständigkeit des Wirtschaftsministers. Das spielt aber eigentlich keine Rolle, denn auch der ist ein Papiertiger. Das Ladenschlußgesetz, seit Jahrzehnten Zielscheibe liberaler Wirtschaftspolitik und freidemokratischer Wirtschaftsminister, hält im Kern immer noch eisern stand und wird von einer großen Koalition aus Christ- und Sozialdemokraten, verstärkt durch allerhand Grüne, nachhaltig verteidigt. Kleine Lockerungen, zu denen sich die Bonner Koalition 1996 durchgerungen hat, sind zwar nützlich, aber noch nicht wesentlich.

Eine Reform des Bodenrechts? Utopie für jeden Bauminister. Nicht einmal das Geldausgeben wird ihm besonders leichtgemacht, obwohl doch alle Empfangsberechtigten danach gieren. Als die Städtebauförderung noch jung war, in den siebziger Jahren, strengte die Regierung des Freistaats Bayern beim Bundesverfassungsgericht prompt ein Normenkontrollverfahren an. Die Bayern bestritten dem Bonner Bauministerium das Recht, Bundesprogramme der Städtebauförderung aufzustellen und gemäß diesen Fördermittel zu verteilen. Die Karlsruher Richter urteilten dann allerdings im Sinne der damaligen Bundesregierung – die war in diesen Tagen eine sozialliberale, die bayerische Regierung wurde wie gewohnt von der CSU geführt – und begründeten ihren Standpunkt mit der Verantwortung des Bundes für die gesamtwirtschaftliche Entwicklung und seinem legitimen Interesse an einer überregionalen Förderpolitik.

Fast klammheimlich, aber durchaus zutreffend wurde damals in Karlsruhe höchstrichterlich klargestellt, worum sich ein Bundesbauminister vor allem zu sorgen hat: um einen Wirtschaftszweig. Einen Wirtschaftszweig, der immer noch ziemlich vorsintflutlich strukturiert ist und dessen Konjunktur deshalb besonders empfindlich ist. Der immer mal wieder ins Stocken kommt, aber auch verhältnismäßig fix wieder in Gang zu bringen ist. Raumordnung, Bauwesen und Städtebau heißt aus der bundesministeriellen Perspektive letztlich, nach Bedarf die knirschende Bauwirtschaft, vorzugsweise die mittelständische, ein wenig anzukurbeln. Das heißt: das Bauen ein bißchen billiger und schneller zu machen, wenn es wieder einmal zu teuer zu werden droht und zu schwirig beziehungsweise zu langwierig.

Also: Ein erfolgreicher Bundesbauminister sichert, wenn er sich morgens an seinen Schreibtisch setzt, erst einmal ein paar Arbeitsplätze am Bau. Deswegen heißt sein Ministerium abgekürzt auch BMBau. Der Bundesbauminister ist kein Architekturminister, auch kein Minister für Wohnen und Urbanität. Sein Horizont schließt sich schon auf zufriedenstellende Weise, wenn er ein paar Baukräne sieht, die sich drehen, möglichst an vielen Orten des Landes, möglichst gerecht im Territorium verteilt, möglichst in den »strukturschwachen« Regionen.

Weil der Bundesbauminister von Amts wegen viel mehr gar nicht wollen darf und weil die Bundesrepublik über Jahrzehnte hinweg einigermaßen stetig auf Wachstumskurs blieb, war es die längste Zeit möglich, dieses Bonner Ressort mit beliebig kompetenten und höchst unterschiedlich interessierten Politikern zu besetzen. Es macht schon einige Mühe, sich die Amtsinhaber ins Gedächtnis zu rufen – womöglich noch in der richtigen Reihenfolge – und sich ihre herausragenden Leistungen zu vergegenwärtigen. Mit wem verbindet sich ein Programm, das diesen Namen verdiente? Wer hat Anstöße gegeben und wozu? Und wie war doch gleich der Name des Ministers, der damals diese berühmte Rede »Demokratie als Bauherr« gehalten hat? Vogel? Lauritzen? Ravens? Hack? Schneider? Hasselfeldt? Schwaetzer?

Sie kommen grad' nicht drauf? Na, vielleicht deshalb nicht, weil der Autor dieser Rede – Adolf Arndt – gar nicht Bauminister war. Es gibt kaum eine ministeriale Rede aus dem BMBau, die über den Tag hinaus wahrgenommen worden wäre. Nicht eine einzige mit soviel Substanz, daß sie, wie man so sagt, »historisch« hätte werden können. Dabei wären die Bundesbauminister wie alle politischen Papiertiger geradezu prädestiniert, ihr Defizit an Macht durch eher weiche Formen der Einflußnahme zu kompensieren. Sie könnten als Vordenker auffallen. Ihr Amt nutzen, um Ansprüche an diejenigen zu formulieren, die in dieser Gesellschaft über den Grund und Boden verfügen und über die Mittel, Städte zu gestalten oder zu demontieren. Sie sollten sich als Animateure ihrer mächtigeren Kabinettskollegen betätigen und diese zu konzertierten Aktionen veranlassen, die mehr sind als Krisenpolitik. Sie müßten schließlich der Öffentlichkeit klarmachen, welche Bedeutung die europäische Stadt immer schon für das Gemeinwesen hatte und welchen kulturellen Wert sie buchstäblich verkörpert.

Bauminister könnten, mit anderen Worten, die prominentesten Architektur- und Städtebaukritiker sein, die eine Gesellschaft sich leistet. Sie sollten sich nicht trotz, sondern gerade wegen ihrer relativen Machtlosigkeit um Autorität bemühen – um persönliche Autorität. Denn es ist ja nicht so, daß im BMBau keine sinnvolle Arbeit geleistet würde: Sie muß allerdings – da sie ja immer nur abstrakte Rahmenbedingungen setzt, die andernorts, und zwar »draußen im Lande« mit Realität ausgefüllt werden – in der Figur des jeweiligen Ministers / der Ministerin selbst überzeugend und glaubhaft zur Darstellung kommen. Daran hat es in der Geschichte der Bundesrepublik oft gehapert: Etliche Bundesbauminister versahen ihr Amt derartig mürrisch und lustlos, daß viele Ideen, deren Verfolgung über das einzelne Experiment hinaus sich wohl gelohnt hätte, in den Papierbergen der in mehreren Schriftenreihen ausgebreiteten BMBau-Forschungsprojekte begraben wurden.

Das Amt des Bundesbauministers hat mit der Wiedervereinigung und dem beginnenden Umzug der Bundesregierung von Bonn nach Berlin wieder an Prestige gewonnen. Vielleicht nicht dauerhaft, eher für begrenzte Zeit – immerhin aber wohl so lange, wie der Um- und Ausbau des neuen Regierungsviertels zwischen Tiergarten und Berlin-Mitte noch andauern wird. Dieser Zuwachs an Prestige war recht nützlich: Er beförderte eine der auffälligsten Fehlbesetzungen im Bundesbauministerium – die an dessen Aufgaben wenig interessierte Ministerin Irmgard Schwaetzer – ins politische Aus. Es folgte Klaus Töpfer, ein Politiker, der an der Spitze des Bonner Umweltministeriums gelernt hat, sich im Gespräch zu halten. Mit Töpfer konnte das Bundesbauministerium zumindest rhetorisch wieder einmal zu sich selbst kommen. Töpfer denkt ressortübergreifend urbi et orbi – er läßt es sich gefallen, daß man ihn auf Ökologie und Urbanistik gleichermaßen verpflichtet. Mächtiger macht ihn das nicht. Aber ist nicht schon einiges gewonnen, wenn ein Bundesbauminister in voller Größe, nämlich als Minister für Raumordnung, Bauwesen und Städtebau, an seine Grenzen stößt?